AF366507

René BONNAT

Archiviste départemental de Lot-et-Garonne
Secrétaire perpétuel de la Société Académique d'Agen

La Maçonnerie Agenaise

au XVIIIᵉ et au début du XIXᵉ siècle

❖ ❖ ❖

LA LOGE LA PAIX-SINCÉRITÉ

SA COMPOSITION

SES TRAVAUX

L'INITIATION MAÇONNIQUE

AGEN

IMPRIMERIE MODERNE ET MAISON D'ÉDITIONS

—

1921

LA MAÇONNERIE AGENAISE

au XVIIIe et au début du XIXe siècle

René BONNAT

Archiviste départemental de Lot-et-Garonne
Secrétaire perpétuel de la Société Académique d'Agen

La Maçonnerie Agenaise

au XVIIIᵉ et au début du XIXᵉ siècle

✤ ✤ ✤

LA LOGE LA PAIX-SINCÉRITÉ

SA COMPOSITION

SES TRAVAUX

L'INITIATION MAÇONNIQUE

AGEN

IMPRIMERIE MODERNE ET MAISON D'ÉDITIONS

—

1921

Plan de la Loge de l'Aprentif-Compagnon.

LA FRANC-MAÇONNERIE AGÉNAISE

AU XVIIIᵉ ET AU COMMENCEMENT DU XIXᵉ SIÈCLE

CHAPITRE Iᵉʳ

La Maçonnerie Agenaise au xviiiᵉ siècle. — Ses origines. — Ses ateliers. —
Son caractère. — La Loge de la Paix et de la Sincérité d'Agen. — Ses
délibérations de 1798 à 1805.

Avant la Révolution, la ville d'Agen ou, pour parler un
langage plus technique, l'Orient d'Agen comptait trois loges
maçonniques : *La Parfaite Union*, du rite écossais, qui paraît
la plus ancienne; *La Sincérité*, qui demanda ses constitutions
à la Grande Loge de France le 28 juin 1774 et s'affilia en
1778 au rite écossais, et *la Parfaite Fraternité*, du rite français, qui date officiellement du 21 octobre 1780 (1).

Où et comment ces trois *ateliers* s'ouvrirent-ils ? D'où leur
vint la *lumière* ? Quels en furent les premiers *ouvriers* ? On ne
sait. L'origine de la Maçonnerie est encore enveloppée de tant
de mystères ! Mais l'histoire est femme : elle livrera peu à
peu ses secrets, encore qu'il s'agisse ici de sociétés secrètes.

En attendant, contentons-nous d'enregistrer les faits tels
qu'ils résultent des rares documents dont nous pouvons dis-

---

(1) Le rite écossais était alors représenté par *la Mère-loge de Saint-Jean
du Contrat social*. *La Parfaite Union*, si nous en jugeons par une lettre
d'un F∴ agenais Xavier de Sevin, du 18 novembre 1805, était loge métropolitaine. *La Sincérité* obtint en 1778 du souverain chapitre écossais « une
patente d'affiliation ». *La Parfaite Fraternité* dépendait du Grand Orient de
France. Donc, trois loges à Agen parce que trois tendances maçonniques
différentes. C'est du moins ce qui semble résulter de documents de 1805
(lettre de X. de Sevin; lettre d'e la *Mère-loge Saint-Alexandre d'Ecosse*),
que M. le docteur de Gaulejac nous a très obligeamment communiqués et
qu'il a bien voulu verser aux Archives départementales.

poser. La maçonnerie s'implanta dans Agen au cours de la deuxième moitié du xviiie siècle, à une époque où la semence philosophique des grands penseurs du siècle germait en province singulièrement, où les loges croissaient et se multipliaient en France, et notamment dans nos grandes villes du Sud-Ouest, malgré papes, évêques et partie des autorités. Pour ne citer que Bordeaux, avec qui l'Agenais entretenait des rapports économiques et administratifs si étroits, quantité d'ateliers s'y étaient ouverts depuis qu'un groupe de commerçants de la Grande-Bretagne y avaient fondé l'*Anglaise* en 1732. Sans parler de la Loge d'*Hérodon*, de la *Grande Loge Ecossaise*, des *Francs Elus Ecossais et Amis Réunis*, qui n'ont guère laissé de traces, on y trouvait la *Française Elue Ecossaise* qui fonctionnait depuis 1765, *la Réunion des Etats*, depuis 1767, et surtout l'*Anglaise* et l'*Amitié*, constituée en 1746 en faveur du vénérable maître le comte de Pontac (1).

Dès 1759, Villeneuve d'Agen avait un atelier, le plus ancien que nous connaissions pour le Lot-et-Garonne d'aujourd'hui. Sous le titre de *La Parfaite Harmonie*, il avait été créé par la loge très aristocratique de Clermont, de l'Orient de Toulouse. *La Parfaite Harmonie* devint l'*Aimable Concorde* reconnue en 1783 par le Grand Orient. Comme sa marraine de Toulouse, elle fut surtout fréquentée par l'aristocratie et la haute bourgeoisie. On y trouvait les Mothes de Blanche, les Laborie de Saint-Sulpice, les Laborde de Ferrié, les Lacaze-Duthiers, les Monforton et les Ménoire (2).

Pour la maçonnerie, Agen était un terrain tout préparé. La ville était alors en pleine floraison industrielle et commerciale. La philosophie humanitaire y comptait de brillants adeptes et, sous la poussée des idées du jour, c'était une nouvelle renaissance intellectuelle. Anciens et nouveaux riches avaient ouvert des salons à la musique, aux arts, à la littéra-

---

(1) Gustave Bord. *La Franc-Maçonnerie en France des origines à 1815.* t. 1er, pp. 407 et suivantes.

(2) D'après les diplômes officiels communiqués par M. Roumat, maire de Saint-Pierre de Nogaret, que je remercie de son obligeance sans cesse en **éveil.**

ture, où les Lacépède, les Vigué, les Lacuée, et les Lamouroux tenaient les premiers rôles. Et le besoin d'association, en dehors des confréries religieuses si nombreuses dans la cité, était tellement puissant alors que ces mêmes personnages devinrent presque en même temps les véritables colonnes des temples maçonniques en formation, les pilliers des cercles où l'aristocratie et la bourgeoisie agenaises allèrent se récréer et se délasser et la charpente même de la Société académique d'Agen où sciences et arts furent à l'honneur (1).

Quand le duc de Chartres, plus tard Philippe-Egalité et alors grand-maître de la maçonnerie française, s'arrêta chez M. de Raymond, maire d'Agen, les 15 et 16 avril 1776, au cours d'un voyage triomphal qu'il fit avec la duchesse dans le Midi (2), il trouva dans la ville deux *ateliers* régulièrement organisés, en plein travail. Discrètement, les maçons agenais se portèrent au devant de lui et, au bruit du canon et du piaffement des chevaux du régiment « *Reine-Cavalerie* », alors de passage dans la cité, ils mêlèrent, avec quelle joie ! leurs acclamations et leurs fleurs à celles que la population prodiguait à ses illustres visiteurs (3).

En 1779, le 10 février, on les voit représentés par deux d'entre eux, deux Lectourois, Durieux et Lacouture de Boubée, de la *Parfaite Union*, à la fête de réinstallation de la vieille loge *Saint-Jean des Arts* constituée dès 1746 à l'Orient d'Auch. Ils envoient ainsi aux maçons gascons le salut de leurs frères d'Agen (4).

---

(1) Voir Ph. Lauzun : *La Société Académique d'Agen*. Paris, 1900, et *Le Cercle des Amis Réunis d'Agen*. — La Société académique date de 1776. Le Cercle, de 1775, et la *Sincérité*, loge maçonnique où Lacépède, Lacuée et Lamouroux étaient inscrits, du 21 juin 1774.

(2) Sur le voyage du duc de Chartres, plus tard duc d'Orléans, voir aux archives de Lot-et-Garonne, Archives d'Agen BB. 83, folio 89 v° et BB. 84, p. 26. Il fut reçu comme prince du Sang avec la plus grande solennité. Il dîna et coucha chez le maire M. de Raymond, dans l'hôtel devenu la propriété de Mᵐᵉ Gavini de Campile et, aujourd'hui, de M. le baron Roger de Montesquieu.

(3) Voir Couture : *Les origines de la Franc-Maçonnerie à Auch*, dans *La Revue de Gascogne*, 1878, p. 410.

(4) Idem et Bord, *op. cit.*, p. 399.

En 1793, en pleine période révolutionnaire, trois ateliers fonctionnaient, plus ou moins régulièrement, au chef-lieu du département. Un autre, *la Parfaite Egalité*, avait été créé à Mézin le 3 février 1785; un cinquième enfin, *la Bonne Amitié*, venait de naître à Marmande et d'être reconnu par le Grand-Orient le 20 octobre 1792 (1). Quand survint la Terreur, il *plut*, il grêla même sur le Temple. On sait qu'elle n'épargna personne, pas même ceux qui l'avaient engendrée. A Paris, le grand-maître de l'Ordre, Philippe-Egalité, portait sa tête sur l'échafaud, après avoir renié les siens et jusqu'à son autre famille, la maçonnerie, dont la plupart des ateliers chômaient en France. Faut-il s'en étonner ? Trop de ci-devant nobles, trop de hauts bourgeois appartenaient à *l'ordre*, dont les allures mystérieuses et secrètes ne pouvaient qu'être suspectes à un moment tragique où l'on voyait partout des traîtres et des conspirateurs.

---

(1) D'autres loges fonctionnèrent encore sous l'ancien régime en Agenais, mais elles n'ont guère laissé de traces, exception faite pour *La Fidélité*, de Tonneins, dont un érudit, bien connu des lecteurs de la Revue, M. de Lagrange-Ferrègues, nous a très obligeamment communiqué une *lettre de passe*, délivrée en 1785 au maire de Tonneins-Dessus, le f∴ Barthélémy de Lajaunie, écuyer. Ce document, en parchemin, est intéressant. Le voici, tel que nous le devons à M. de Lagrange-Ferrègues :

DECURRIT FIDELITAS A VIRTUTE ET SAPIENTIA
Post Tenebras Lux

A la gloire du G∴ A∴ de l'Univers sous les auspices du sérénissime G∴ M∴ et du T∴ R∴ Grand Orient de France à l'Orient de Tonneins en Agenois, lieu très éclairé et très fort où règnent la paix, l'union, la fidélité, la concorde et la charité !

Nous, vénérable Maître, surveillans et officiers de cette R∴ Loge Saint Jean de Maçons réguliers, fondée et légalement constituée par le T... R... Grand Orient de France, certifions à tous les hommes éclairés que le cher frère *Barthélémi de Lajaunie*, écuyer, maire de la ville de Tonneins-dessus, habitant sur cet Orient, dont la signature est ci en marge ne varietur, est bon et légitime maçon, élevé au sublime grade de Maître et qu'il a travaillé en ladite qualité sous notre Equerre avec un zèle et des talens qui lui ont mérité justement notre tendre affection. C'est pourquoi nous prions les R. R∴ Loges régulières, où ce cher frère pourrait se présenter, de l'admettre après les précautions d'usage, à leurs sublimes travaux, lui faire bon accueil et lui prêter assistance, si besoin est, comme nous en usons avec plaisir envers tous les vrais et légitimes frères.

Donné en loge de *La Fidélité*, régulièrement assemblée sous le point géométrique, sous le sceau d'icelle et le contreseing de son secrétaire. A

Dans leur rage d'égalité, les quelques terroristes qui, sous couleur de liberté, opprimaient le peuple d'Agen, traitèrent les loges comme de vulgaires établissements religieux : ils voulurent brûler leurs archives comme les chartriers ecclésiastiques et les titres féodaux. Quels beaux feux de joie sur la place publique en face des autels de la Liberté ! Ils flambèrent moins, heureusement, qu'on ne pourrait le craindre. Quantité de papiers de toute nature échappèrent au vandalisme stupide de la Terreur. Les archives de la *Parfaite Union* et de la *Sincérité* furent de ceux-là. Le dessinateur Mouillac sauvait les sceaux et le timbre de la première. Claude Lamouroux conservait précieusement le sceau de la seconde qui lui appartenait et qu'il remit plus tard à ses frères lorsque l'orage fut passé. Quant aux délibérations, constitutions et *planches* (lettres) des deux ateliers, nous savons par un récit de Barret fils, fait en *loge ouverte* et très applaudi à la *Sincérité*, qu'elles furent « miraculeusement arrachées aux flammes révolutionnaires par quelques ouvriers zélés et prévoyans, guidés seu-

---

l'Orient de Tonneins, le sixième jour du onzième mois de l'an de la vraye lumière cinq mille sept cens quatre vingt quatre et de l'Ère vulgaire le 6 janvier 1785.

Gauteron 2 S'.   Girou p.'. s.'. d.'. R.'. C.'.
                                        Orateur.

        F.'. Moreau.
        T.'. ————   Goynard V.'.
        J. B'' Esparnac .'.
        Terible.
                                    Darty 1'' S'.
Par mandement de la R.'. L.'
                            Pl E. Audié, Sc'' p.'. t.'.

Scellé et timbré par nous garde des sceaux timbres et archives.
                            Goynard.

(Au pied du document, large ruban de soie bleu pâle sur lequel est placé un grand cachet de cire rouge dont l'empreinte en partie effacée consiste en un manteau et une couronne de Duc et Pair. De chaque côté de la couronne, apparaissent les chapiteaux, cerclés d'une couronne de Duc (1), des deux colonnes légendaires. Quant à l'écu qui est « d'azur », ses meubles consistent en attributs maçonniques : triangle surmonté d'une étoile adextrée d'un soleil, le tout en chef. La pointe trop effacée ne laisse rien deviner. Enfin autour de l'empreinte et en bordure du sceau : *Loge de la Fidélité à l'Orient de Tonneins*.)

(1) Le duc de Lavauguyon était seigneur de Tonneins.

lement par leur ardent amour pour une institution dont la destruction paraissait certaine (1). »

Que sont devenues ces archives ? Dans quel Orient dorment-elles ? Tombant de Charybde en Scylla, ont-elles échappé aux terroristes, comme tant d'autres documents, pour être plus tard détruites par quelque profane négligent ou ignare ou par quelque maçon ou *fils de maître* plus ou moins honteux ? Il faut espérer que non et qu'elles verront un jour, elles aussi, la lumière !

Elles serviront alors à déterminer avec précision la nature des *travaux* de nos vieilles loges agenaises sur lesquelles nous n'avons que des informations d'ordre général. A cette époque, la maçonnerie, dit un de ses historiens, professait « les principes les plus honorables » qui se trouvent résumés dans cette formule heureuse : « Amitié égale entre les membres, quels que fussent les états et les fortunes; charité pour les pauvres; amour de la philosophie; tolérance pour les opinions religieuses; respect pour les lois et les institutions civilles (2). » Egalité et charité, on dira plus tard philanthropie, puis solidarité, voilà donc les bases morales sur lesquelles reposait l'ordre maçonnique ! Au point de vue religieux, il portait légèrement le poids de condamnations d'évêques comme l'agenais de Belzunce, évêque de Marseille, d'excommunications fulminées par Clément XII et Benoît XIV ou de consultations hostiles de la Sorbonne. « Les catholiques devaient donc rester en dehors de cette société que leur rendaient suspecte et la voix de l'Eglise et un serment indiscret et ce ridicule vernis de religion naturelle, d'universelle tolérance, de lumières supérieures par où la maçonnerie se montrait indirectement hostile à l'autorité religieuse (3). » Mais les chrétiens tièdes d'Agen et d'ailleurs n'y regardaient pas de si près !

Au point de vue politique, les loges pouvaient s'accomoder

____

(1) Voir Délibérations de *La Sincérité* aux Archives Départementales. manuscrit, pp. 17, 95, 245 (séance du 5 messidor an XIII).

(2) Voir *Précis historique de l'ordre de la Franc-Maçonnerie*, par J.-C. B. Paris, 1829, t. I", p. 5.

(3) Abbé Couture, *op. cit.*, pp. 406-407.

de tous les régimes ; leur histoire le prouve. Sur leur action révolutionnaire, on a beaucoup écrit et, semble-t-il, à tort et à travers. Qu'il me suffise ici, pour rester dans le cadre de cette modeste étude, d'indiquer que leur propagande en faveur des idées philosophiques et égalitaires contribua à préparer la Révolution française et la Déclaration des droits de l'homme qui en exprimait les principes. Et de ce fait historique, un maçon agenais des plus notoires, qui fut à plusieurs reprises vénérable de la *Sincérité*, le f.·. Barret de Lavedan, jouait en virtuose dans toutes les allocutions qu'il prononçait... sous le Directoire pour l'édification des membres de sa Loge. S'il garda le silence sous l'Empire, il n'hésitait pas, le 7 nivôse an VII, dans un discours qui alla, suivant la formule, « enrichir les archives » de la *Sincérité*, à « attribuer à la Maçonnerie l'honneur d'avoir donné au monde politique la liberté et l'égalité, présens du Ciel, dont le nom seul était connu des profanes » (1).

Ce sont les mêmes sentiments qui animent les maçons d'Agen lorsque, après la tempête, le calme revient. Ils reprennent leur activité vers 1797, en plein Directoire, à la suite du Grand Orient. Les pouvoirs publics ne leur sont plus hostiles. « Aucune loi ne prohibe les réunions de francs-maçons », répondra en 1798 le Ministre de la police à une communication des frères inquiets (2). Et, pour l'instant, l'Eglise se tait. Ce fut alors, à travers la France, une résurrection d'ateliers. Dans Agen, dès 1797, une Loge s'ouvrit où vinrent se faire inscrire les membres de la *Parfaite Union* et ceux de la *Sincérité*, toutes les deux du rite écossais. Elle prit le titre distinctif de *La*

---

(1) Délibérations, p. 27.

Dans son *Livre d'or des Elections consulaires d'Agen*, édition de 1909, p. 130, M. Jules Serret cite Philippe Garsau, boucher, comme *député des loges* parmi les délégués des corps et corporations de la ville qui se réunirent le 25 juillet 1789 pour voter une adresse de félicitations à l'Assemblée nationale et à son président Bailly. Un examen rapide de l'original (BB. 84, p. 95, v° des Archives d'Agen), confirmé par la liste même des corporations représentées, montre qu'il faut lire : *député des bochers* ou *bouchers* et non pas député des loges, qui n'avaient pas à se faire représenter en semblable circonstance.

(2) *Précis historique de l'ordre de la Franc-Maçonnerie*, p. 100.

Paix, et, sans demander de nouveaux règlements à la Grande Loge de France ou au Grand Orient, alors régulateurs rivaux de l'ordre maçonnique, résolut de « travailler sur les constitution des deux précédentes loges » qui venaient de fusionner en elle. Et ces constitutions, elle les fit déposer « aux archives du nouvel atelier, par délibération du 24ᵉ jour du 4ᵉ mois de l'an de la vraye lumière 5797 », ce qui signifie en style profane : 24 juin 1797, l'année maçonnique commençant en mars, avec une ère partant de la création du monde par le grand architecte de l'Univers, quatre mille ans avant Jésus-Christ (1).

L'atelier travailla sous le titre de *La Paix* jusqu'au 5 messidor an XI (24 juin 1803). Il reprit ce jour-là l'une de ces anciennes appellations : *La Sincérité*, pour obtenir plus facilement son affiliation au Grand Orient de France (2). Nous avons eu l'heureuse fortune d'acquérir pour les Archives de Lot-et-Garonne une partie de ses procès-verbaux sous la forme d'un grand registre in-folio de 278 pages, provenant de la collection de la famille Noubel, dont quelques membres appartinrent à la Maçonnerie et dont l'un même, imprimeur à Agen, fut *Rose-Croix* au xixᵉ siècle. Ces délibérations qui s'étendent du 4 messidor an VI au 22ᵉ jour du 10ᵉ mois de l'an de la vraie Lumière 5805, c'est-à-dire du 22 juin 1798 au 22 décembre 1805 vont nous permettre de jeter un coup d'œil indiscret sur le Temple et d'en conter l'histoire pour une période qui comprend la fin du Directoire, le Consulat et le commencement de l'Empire.

---

(1) Délibérations, manuscrit, p. 1.
(2) *Id.*, p. 93.

CHAPITRE II

La Loge de la Paix. — Sa composition. — Son recrutement. — La cheville
ouvrière de l'atelier : Baret de Lavedan. — Les francs-maçons de la Paix
redevenue la *Sincérité* de 1798 à 1805. — Présentation des nouveaux
frères ; élections ; démissions.

Dès ses débuts *la Paix* groupa une bonne partie de l'élite
de la société agenaise. Aristocratie, bourgeoisie, haut commerce, industrie, administration y étaient largement représentés. On constate, en effet, la présence à ses premières réunions d'anciens maçons appartenant au monde du Palais
comme Barret-Lavedan, ci-devant conseiller à la Cour des
Aides de Bordeaux, juge au Tribunal, plus tard conseiller à
la Cour d'Agen ; Lacuée fils aîné, porteur d'un nom déjà célèbre ; Falagret, qui fut aussi conseiller ; Diché, ancien secrétaire de l'Administration départementale, juge suppléant ;
Chaudordy, homme de loi, grand-père de l'ambassadeur qui
fut le collaborateur de Gambetta en 1870 ; Lespès, défenseur
pour l'instant, plus tard greffier de la Cour prévôtale d'Agen
et du Tribunal criminel dont les archives possèdent des *An-
nales* encore manuscrites où il pille, mais complète heureusement le chroniqueur Proché.

L'industrie et le commerce y comptent des représentants
comme Claude Lamouroux, dont une rue d'Agen porte le
nom, Raymond Noubel, le grand imprimeur, Pierre Lauzun,
fabricant d'indiennes, les Dutrouilh, oncle et neveu. Citons
encore Dumon, Cazac, les Darribeau oncle et neveu ; Delbreil, Couderc, Saubès, Carrié, Andrieu, Carrère, Losteau,
Bardèche, Désiré Pélissier, dont l'hôtel d'Agen, comme celui
de son frère, était l'œuvre du grand architecte Leroy ; Tonnelé Gimbrède, architecte de la ville d'Agen ; Lacoste et Parfait-Lumière, tous deux professeurs à l'Ecole Centrale où le
premier enseigna l'histoire et le second, le dessin ; les Barsalou, oncle et neveu ; Menne, qui devint conseiller de préfecture ; Lamarque de Plaisance, plus tard sous-préfet de
Marmande ; Neychens, secrétaire en chef de l'administration

centrale du département, et Antoine Lacuée, l'un des deux colonels dont une rue d'Agen porte le nom et qui fut tué à Eylau en 1807. Que de souvenirs éveillés par la plupart de ces noms et quelle place ne tiennent-ils pas dans l'histoire agenaise de la fin du XVIIIᵉ siècle !

L'âme des réunions, celui qui incarnait alors la Maçonnerie dans la ville, c'était Barret de Lavedan, prosélyte zélé qui, peu à peu, attirait vers le Temple tout le Palais. Très initié aux moindres détails des mystères de l'ordre dont il possédait à merveille la terminologie compliquée, il en imposait à tous les FF∴ par une ardeur jamais lasse. A côté de lui, moins actifs pourtant, Claude Lamouroux, vieux maçon d'avant la Révolution qui paraît avoir été *initié*, comme Barret de Lavedan, dans une loge de Bordeaux, et Raymond Noubel, que sa profession mettait en rapports fréquents avec l'étranger et avec tout ce que la région comptait « d'intellectuels ». Telles étaient les trois *colonnes* du Temple de la Paix où nous allons voir pénétrer peu à peu toute une série de notabillités agenaises des plus marquantes.

C'est, en l'an VI, Champmas aîné; puis Jean-Vincent-Félix Lamouroux, fils aîné de Claude, alors élève de Saint-Amans à l'Ecole Centrale de Lot-et-Garonne, qui devait s'illustrer plus tard comme botaniste; Faucon, fils aîné, négociant d'Agen; Auguste Barsalou; Descressonnières, directeur de la Régie nationale de l'enregistrement et des domaines; Bert, déjà franc-maçon d'un autre Orient et payeur général de Lot-et-Garonne, et enfin Campy-Renaud (1).

En l'an VII, les réceptions furent plus nombreuses : Bouglé, inspecteur de l'enregistrement; Malaure, de Beauville; Boé-Mercier, administrateur des hospices d'Agen, qui exerçait en cet Orient une des rares fonctions que le temps ait supprimées, celle de receveur de la loterie nationale de France; Menne le fils, négociant à Agen; Hugonel Bareyrou, de Lauzun; Miraben, employé de l'enregistrement; le colonel Gérard Lacuée, qui avait suivi son frère à la loge de la Paix

---

(1) Voir *ms.*, pp. 4, 13, 14, 15, 17.

et le précéda devant la mort, en 1805, sur le champ de bataille; Casimir Pomaret, cousin de Lacépède qui, au faîte des honneurs et des plus hautes dignités n'oublia jamais sa vieille loge d'Agen; Rougier, de Marmande; Polverel, du même Orient, officier du bataillon auxiliaire de Lot-et-Garonne, Redon-Massonville, et Carrère, de Roquecor (1).

En l'an VIII, aucune initiation; deux en l'an IX : Pierre Saturnin Laborde et Menne fils, plus tard général, alors chef de bataillon à la 65ᵉ demi-brigade, qui rejoignit au Temple son père et son frère (2). En l'an X (1802), une seule réception, mais d'importance, celle de Jacques Pascalis, secrétaire particulier du préfet Pieyre, qui ne tardera pas à devenir le boute-en-train de la loge vivifiée par son zèle de néophyte (3). En l'an XI (1803), quatre maçons nouveaux : Merle-Dubarry, d'Aiguillon; Auguste de Rissan, de Sainte-Livrade; Durand fils, de Layrac, et Jean Pébernat, ci-devant chantre d'église, puis archiviste, et alors greffier du tribunal de commerce, dont la plupart des juges étaient maçons depuis longtemps (4).

Avec l'an XII (1803-1804) sonne l'heure de l'apogée de la Loge. L'empire va naître. Hostiles sous l'ancien Régime, au moins officiellement, destructeurs pendant la Révolution, indifférents sous le Directoire et le Consulat, les pouvoirs publics n'ont plus que sourires pour l'ordre maçonnique. Bonaparte, un grand architecte lui aussi, du chaos fait naître l'ordre et la vie. Les Temples ont bravé les outrages du temps et des hommes; ils sont donc une force qu'il n'aura garde de négliger; il s'en fait le protecteur. Son frère Joseph en devient le grand-maître et les hauts dignitaires du nouvel empire s'empressent, s'ils ne l'ont fait déjà, de se faire initier. La plupart de nos gloires lot-et-garonnaises, qui ont de nouveau conquis Paris, jouent dans cette résurrection maçonnique les premiers rôles. Lacépède, comblé de dignités, est grand administrateur; Lacuée de Cessac va devenir grand expert,

(1) *Mss.*, pp. 19, 20, 21, 28, 32, 33, 34, 35, 37, 42, 46, 48, 50, 52, 57, 59 et 62.
(2) *Mss.*, pp. 69, 71, 77.
(3) *Mss.*, pp. 81, 83.
(4) *Mss.*, pp. 88, 97, 101, 103.

Timbrune-Valence, grand représentant du Grand-Maître. Il est de mode alors, dans certains milieux, d'être franc-maçon. Pour Agen, c'est un renouveau de vie. En l'an XII, 27 profanes voient la lumière : Salesse, de Figeac; Rivière, figure d'ascète, ancien auxiliaire des frères doctrinaires, maire de Moissac en 1791, professeur à l'Ecole centrale du Lot, juge suppléant à Cahors, homme de loi à Agen, qui devint, plus tard, avocat-général, député, puis procureur général révoqué par la monarchie de juillet en 1830; Bory fils, avoué au tribunal civil; Ladrix, avocat d'Agen; d'Auzac; Joseph de Bellegarde; Jean de Saint-Aignan, de Monflanquin; Barret-Lavedan, le fils; Joseph Baradat; le général Ducomet, qui commandait les forces militaires du département; Laroche-Soubiroux, avoué; l'ex-abbé Grenier, devenu conseiller de préfecture; Lacan, avoué; Jean-Louis de Bourran, de Sistels; Paquin, qui déjà frère, se fit affilier; Bernard Neychens, employé à la préfecture; J.-B. Chaudordy, praticien; Auguste Fontfrède, receveur de l'enregistrement à Castillonnès où il ne tarda pas à fonder un atelier; Boussion, conseiller de préfecture, ancien conventionnel régicide qui se fit affilier, étant déjà maçon; Lavolvenne; Canot; Delas de Brimont; Laclaverie de Sainte-Colombe; Jean-Léonard Dupouy, prêtre d'Agen, le seul ecclésiastique qui ait figuré en loge de 1798 à 1805; Xavier de Sevin, qui contribua pour une large part à l'érection de la *Sincérité* en loge de chapitre; Dayrie fils, défenseur, d'Agen; Fabre, cordonnier, admis comme concierge ou *frère servant* (1).

Signalons pour l'an XIII, Laurière, de Moncaut, 21 ans; Caprais de Bonnal, de Villeneuve; Pons, de Monclar; Bonnot-Jourdeau, d'Astaffort; Barret-Marsac, le plus jeune des fils de Barret-Lavedan; Jean Bense, d'Agen, homme de loi; de Barbier-Lasserre; Daurée de Prades; Pascal Chevalier, capitaine de recrutement; Thimothée de Beaubens, de Prayssas, âgé de 21 ans; Macary fils, orfèvre d'Agen; Charles Du-

---

(1) *Mss.*, pp. 115, 116, 117, 120, 121, 122, 124, 125, 127, 129, 132, 135, 136, 137, 145, 146, 151, 152, 155, 158, 170, 177, 178, 183, 185, 196.

bois-Boissy, 25 ans, propriétaire à Barbaste; Joseph Illy, négociant d'Agen, qui devait finir misérablement dans la Garonne; François Vautor-Duroseaux, colon, originaire de la
Martinique et habitant l'orient de Castillonnès; Lagrange,
maire de Puymirol (1), suivis, en l'an XIV (1805), de Dubois-
Boissy aîné, frère du précédent, et de Jean-Baptiste Goux
jeune, négociant des Cornières (2).

Tous ces frères, pour être admis au premier grade maçonnique, celui d'*apprenti*, ou pour être *affiliés* à la loge, s'ils
étaient déjà maçons, s'étaient fait présenter, en fin de séance
de l'atelier, par un parrain qui jetait un billet signé de lui
dans ce qu'on appelait le *sac des propositions*. Seul, le nom
du candidat était lu par le vénérable, qui gardait le silence
sur le nom du parrain; on choisissait alors trois commissaires
chargés d'enquêter sur le postulant et d'en rendre compte à
la séance suivante. Honorabilité, qualités, sociabilité, tels
étaient les points sur lesquels portait principalement l'enquête.

« Le sac des propositions ayant couru, — dit un procès-
verbal de l'an VI, que nous citons à titre d'exemple, — il a
été trouvé un billet portant la proposition du profane Faucon
fils aîné, pour maçon. La L∴ a nommé les ff∴ Menne, Chaudordy et Lespès, les a chargés de prendre des renseignements sur le compte de ce profane et d'en rendre compte à la
première loge (3). »

« Les commissaires qui ont été nommés pour s'enquérir
des mœurs du profane Faucon, fils aîné, constate le procès-
verbal suivant, rendent compte de leur mission. Tout ce qu'ils
ont recueilli lui est favorable; ils ont représenté cet individu
comme un des profanes les plus dignes par leurs vertus de
venir partager la lumière maçonnique. Plusieurs FF∴ ont
ajouté encore à son éloge et la Respectable Loge, impatiente
de s'associer un si digne citoyen, a procédé avec empresse-

---

(1) *Mss.*, pp. 189, 203, 204, 209, 233, 207, 211, 215, 214, 223, 226, 235, 239,
243, 257, 252, 258, 270.
(2) *Mss.*, pp. 262, 264, 265, 268.
(3) *Mss.*, p. 9.

ment à son ballotage; il a été favorable. Le frère orateur a requis un applaudissement en faveur de l'heureux ballotage de ce profane et la L∴ y a procédé avec toute la vivacité dont elle est susceptible. »

Pour être reçu *apprenti*, il fallait avoir 21 ans ou 18 ans révolus si l'on était *lewton*, c'est-à-dire fils de maître (1). Le vote avait lieu par boules blanches ou noires. Une seule *noire* suffisait pour empêcher l'élection; la loge d'Agen se montrait ainsi plus sévère que beaucoup d'ateliers des Orients voisins où, pour éliminer un candidat, il fallait deux boules noires. Un profane était-il ballotté, on répétait deux fois le vote à deux séances différentes et si, la troisième fois, il était toujours affligé d'une *noire*, on « *l'ajournait à trois mois* », formule polie et honnête de rejet définitif (2).

Si quelques profanes furent ainsi discutés une fois, deux fois, comme le prêtre Dupouy (3) avant de voir *la lumière*, peu d'entr'eux essuyèrent un refus. Les parrains agissaient avec prudence et sondaient le terrain avant de jeter un nom dans le sac des propositions. De 1798 à 1805, quatre candidats seulement ne purent forcer les portes du Temple : Junot, receveur général du département; le général Darnaudat, sur qui les trois enquêteurs fournirent de mauvais renseignements; Honoré Tarry, orfèvre d'Agen, très réputé, et Soubiran, un méchant petit secrétaire de mairie de Lannes (4).

En retour, peu de démissions. Quelques frères furent rayés des contrôles pour s'être systématiquement bouchés les oreilles aux appels du trésorier en détresse. Pébernat, plus courageux, déclara n'avoir pas les moyens de payer tout ce que les *Constitutions* imposaient aux membres de *la Sincérité* et quitta l'atelier sans laisser trop de regrets (5). Au reste, la qualité de maître ne pouvait être enlevée; elle imprimait sur les ff∴ un caractère indélébile. En se mettant en règle avec

---

(1) *Mss.*, p. 145.
(2) *Mss.*, p. 49.
(3) *Mss.*, p. 169.
(4) *Mss.*, pp. 74, 75, 76, 79, 100, 104, 248, 269.
(5) *Mss.*, pp. 224, 231.

la caisse, en payant un droit spécial de rentrée, ils pouvaient être admis de nouveau aux travaux de la loge.

Une fois reçu, le profane avait encore, avant d'être considéré comme maçon, à subir les épreuves de l'*initiation* que nous décrirons plus loin.

CHAPITRE III

Administration de la Loge : Vénérables et équerres; surveillants ; députés-
maîtres ; orateurs ; secrétaires; trésoriers ; maîtres de cérémonies et examinateurs ; architectes et maîtres d'hôtel; hospitaliers et frères terribles.
— Insignes et costumes. — Les frères à talent. — L'honorariat et Claude
Lamouroux.

La *Paix*, redevenue en l'an XI la *Sincérité*, était composée
de frères, divisés en *apprentis, compagnons* et *maîtres*, chaque degré représentant un pas de plus dans la science du
grand architecte de l'Univers. Ce sont les trois grades symboliques. Dans Agen, pas de grades supérieurs; pour l'instant, aucun Rose-Croix; aucun *chevalier Kadosch*, aucune de
ces dignités au nom sonore et sibyllin qu'inventèrent les divers
rites maçonniques.

L'atelier est dirigé par un *vénérable* et des officiers choisis
parmi les maîtres. Le vénérable gouverne; il est élu par tous
les frères à la majorité des suffrages et pour un an. Si, au
deuxième tour, il n'y a pas de majorité absolue, la lutte est
circonscrite, au troisième, entre les deux candidats qui ont
obtenu le plus de voix (1). On n'eut jamais recours à cet article des règlements, les élections s'étant toujours faites pour
ainsi dire sans compétitions. La charge de vénérable fut successivement tenue par Barret de Lavedan (ans VII et XII), Lamarque de Paisance (an VIII), Noubel (ans IX et XIII), Claude
Lamouroux (an X), Menne père (an XI), Diché (an XIV) (2).
Pour les remercier de leur direction, l'atelier leur offrait, à
la fin de leur mandat, l'un des *bijoux* symboliques de la maçonnerie, une petite équerre d'or, emblème de la droiture, sur
laquelle on gravait sur une face :

La L∴ de la Paix d'Agen

et sur l'autre :

Au V∴............... An...... (3).

---

(1) *Mss.*, p. 241, Séance du 3 messidor an XIII.
(2) *Mss.*, pp. 44-45; 65, 73, 82, 91, 154, 241-42.
(2) *Mss.*, pp. 43, 65, 75, 82, 94, 159, 245.

C'était le F∴ Macary, orfèvre réputé d'Agen, qui les fournissait au prix de 18 livres (1).

Le vénérable était assisté et, au besoin, suppléé par deux *surveillants*, élus individuellement et qui furent successivement : Layniac et Menne père (an VII); Layniac et Dutrouilh (an VIII); Layniac et Menne père (an IX); Dumon et Bert (an X); Barsalou cadet et Tonnelé-Gimbrède (an XI); Diché et Chaudordy (an XII); Ladrix et Menne fils (an XIII); Pomaret et Layniac (an XIV).

Après eux, on trouve d'autres dignitaires élus au scrutin de liste et à la majorité des suffrages : le *député-maître*, sorte d'ambassadeur dont la charge, moins qu'une sinécure, fut occupée par Claude Lamouroux, Noubel, Barret-Lavedan, Barsalou aîné, Chaudordy, Lespès, Diché. L'*orateur* avait une fonction autrement lourde. Tour à tour requérirent et haranguèrent en loge Lamarque, Lacoste, Barret-Lavedan, Noubel, Menne fils, Rivière et Paquin. Ils avaient un suppléant qui portait le titre de *sous-orateur*. Lacoste, Lacuée, Pomaret, Jean Lamouroux, Laborde, Baradat et Laroche tinrent successivement l'emploi.

Le *Grand Secrétaire, Garde des Sceaux et des Archives* fut, à trois reprises, Chaudordy. Bert, Diché, Menne fils et Descressonnières le furent aussi. Il était assisté d'un *secrétaire ordinaire* et d'un *sous-secrétaire*. Dans la première de ces fonctions, où l'on s'occupait surtout de la rédaction des procès-verbaux, on trouve Lespès, Barsalou cadet, Menne fils, Diché, Pascalis et Barret fils. La seconde fut occupée par Noubel, Diché, Pomaret, Lespès, Grenier et Neychens fils. La caisse, qui changea peu de mains, fut tenue par les *trésoriers* Falagret, Faucon et Menne père.

Jusqu'ici, rien de bien particulier : sous un nom ou sous un autre, on retrouve ces dignitaires dans les bureaux de toutes les Associations anciennes et modernes. Mais voici qui devient plus spécial et plus rituel : la loge possède 7 autres officiers qui sont bien personnels à l'ordre maçonnique :

---

(1) Voir *Comptes* de la Loge, communiqués par M. le Docteur de Gaulejac. Pour graver la dédicace, Macary prenait en plus 1 fr. 50.

1°-3° Un *Maître des Cérémonies, Grand- Examinateur*. Il est chargé de tout ce qui se rapporte au cérémonial, très compliqué, du Temple, des honneurs à rendre aux dignitaires, aux frères visiteurs ; des réceptions, des initiations aux trois grades symboliques. Deux *examinateurs ordinaires* l'assistent, qui sont plus spécialement obligés de *tuiler* les visiteurs, c'est-à-dire de constater qu'ils appartiennent bien à la Maçonnerie. Dutrouilh, Barsalou, Descressonnières, Paquin, Menne fils furent maîtres des cérémonies de 1798 à 1805.

4° *Un architecte*, chargé de l'entretien, de la décoration symbolique et des illuminations de l'atelier. Tonnelé-Gimbrède en remplit les fonctions, sauf en l'an X, où il fut remplacé provisoirement par Lostau.

5° Un *maître d'hôtel*, ordonnateur des banquets ou *loges de table*. L'emploi n'était pas une sinécure, les maçons d'Agen goûtant fort ce genre d'exercice. Successivement, Delbreil, Neychens, Saubès, Lespès, Falagret, Lostau, d'Auzac et Canot se transformèrent en maîtres d'hôtel.

6° Un *hospitalier*, dont le rôle dans une société de bienfaisance était réduit à la plus simple expression, puisque c'était la loge tout entière qui devait faire la charité. A la fin de chaque *séance de travail*, il faisait passer la *boîte des pauvres* où chacun versait son obole (1). Il visitait les frères malades et les assistait au besoin. En l'an XII, la *Sincérité* lui rappela qu'en présence des malades dangereusement atteints, il était de son devoir de les prier « avec tous les ménagemens que leur état exigera de vouloir bien déposer en ses mains les papiers et autres documens qui pourraient avoir trait à l'art maçonnique. Il leur rappellera à cet effet leurs obligations en ajoutant toutes les paroles de consolation et d'amitié qui pourront adoucir leur état pénible et rendre moins alarmante la cause qui les conduira près d'eux » (2). L'hospitalier n'était donc pas seulement un agent de la bienfaisance maçonnique, c'était aussi l'un des frères qui, même au lit de mort, montait la

---

(1) *Mss*, passim.
(2) *Mss.*, pp. 157. Séance du 5 messidor an XII.

garde pour la loge et empêchait la divulgation des secrets !
Et, tour à tour, prirent ainsi la faction, Henry Darribeau,
Cazac, Falagret, Menne père, Neychens, Bouglé et Bous-
siou qui, avant de devenir régicide, avait exercé la médecine
à Lauzun.

7° Un *frère terrible*, sorte de matamore, chargé des épreuves qu'on faisait subir aux initiés. Dumon, Saubès, Lostau,
Bouglé, Neychens et Durand jouèrent le rôle sans accroc.

Tous portaient l'*habit maçonnique* : gants et petit tablier de
peau blanche, avec l'épée. Le port de l'habit fut rendu obligatoire pour tous les maçons, le 18 messidor an XI, à la demande du secrétaire Pascalis. Les dignitaires avaient en outre
des *insignes*, afférents à leurs grades, qu'ils revêtaient seulement dans les circonstances solennelles, si nous en jugeons
par les procès-verbaux de *La Paix*. Au début, *bijoux* et *cor-
dons* qui les composaient étaient en assez mauvais état et gardés au secrétariat de la Loge. Sur les instances de Lespès,
alors député-maître, Tonnelé-Gimbrède fut invité à les faire
réparer (1), et, le 5 messidor an XII, pour donner aux travaux
plus de distinction et de régularité, il fut décidé que les dignitaires devraient toujours, à l'avenir, en être décorés pendant
les travaux de l'atelier (2). On fit mieux : on acheta à Paris, au
prix de 190 livres 12 sols, onze *bijoux* garnis, pour remplacer
le vieux stock, décidément hors d'usage (3). Mais, quand
le *trésorier* les présenta à la Loge, le 19 fructidor an XII, les
ff.·. en admirèrent tellement l'élégance et la richesse qu'ils
revinrent sur leur précédente délibération et décidèrent, pour
ne point les détériorer trop vite, de s'en parer seulement dans
« des occasions importantes (4) ».

Quels étaient ces bijoux ? Pour le vénérable, une *équerre*
d'or; un *niveau*, de même métal, pour le premier surveillant;
une *ligne d'aplomb* ou *perpendiculaire* pour le second, le tout

(1) *Mss.*, pp. 96.
(2) *Mss.*, pp. 157.
(3) Voir *comptes* de la Loge pour l'an XII, communiqués par le Docteur de Gaulejac.
(4) *Mss.*, p. 179.

suspendu à un *cordon* bleu passé autour du cou. Les trois officiers ont un petit *maillet* placé dans la ceinture de leur tablier. Les insignes des autres dignitaires se portent soit à la boutonnière de l'habit, soit suspendus au cordon bleu : une *médaille* pour l'orateur, deux petites *plumes dorées* en sautoir pour le secrétaire, une *clef* pour le trésorier.

Dans la plupart des loges, surtout sous l'Empire où les ateliers, imitant la Cour, donnèrent à la pompe et au cérémonial un éclat tout particulier, le vénérable portait en outre un *manteau* court de velours bleu de ciel et un *chapeau* de castor à poil relevé sur le devant et surmonté d'une plume blanche. Pour les deux surveillants, manteau de taffetas bleu de ciel et plume noire au chapeau. Mais sur ces habits d'apparat les procès-verbaux de la *Sincérité* ne fournissent aucun renseignement.

A côté des officiers de la Loge il convient de signaler : le *frère Servant*, ou concierge, dont nous parlerons plus loin, et le *frère à talent*, qui occupait dans l'atelier une situation privilégiée : exempt de toute rétribution, il devait, en retour, se rendre utile à ses compagnons par des travaux divers. Successivement, Parfait-Lumière, Pébernat (1) et Jean-Baptiste Goux furent les frères à talent de la *Paix* et de la *Sincérité*. Le premier quitta l'orient d'Agen et le second démissionna, trouvant la charge trop lourde.

Invoquant un article des Constitutions, Claude Lamouroux réclama pour lui une dignité nouvelle : l'*honorariat*, conféré à tout maçon qui avait *travaillé* durant 33 années. Comme le frère à talent, il eût été libéré de toute contribution pécuniaire, mais sans être assujetti à aucun travail ; il aurait conservé tous ses droits et aurait eu sa place marquée à la gauche du vénérable en exercice. Ses démarches réitérées, commencées le 21 juin 1804, n'avaient pas encore abouti à la fin de 1805. Il est vrai qu'une commission fut naturellement nommée pour étudier la question ! Composée de Diché, Ladrix et Nou-

---

(1) *Mss.*, pp. 101, 224.

bel, elle fit preuve d'une négligence vraiment surprenante et Lamouroux fut ainsi renvoyé aux calendes grecques ! (1).

Nous venons de passer en revue les maçons d'Agen et leurs officiers revêtus des insignes de leur grade. Entrons maintenant dans le Temple.

____

(1) *Mss.*, pp. 151, 205, 219.

CHAPTRE IV

Dès sa réorganisation en l'an VI, la *Paix* s'installa dans une
partie du ci-devant *Refuge*, dont les quelques pensionnaires,
filles plus ou moins repenties, avaient été transférées à l'ancien hôpital Delas, par arrêté du 11 mai 1798 (1). C'était un
bien national, situé impasse Sainte-Quitterie et rue Saint-
Martial, que nos municipalités agenaises, fidèles à leurs mauvaises habitudes de changer les noms de rues, ont baptisées
impasse Viala et rue Joseph-Barra. Despans, trésorier des
hospices réunis à qui ce domaine national avait été attribué,
l'avait loué quatre cents livres par an au F∴ Barret, agissant
au compte de la Loge. C'était une grande bâtisse à peu près
carrée, flanquée d'un avant-corps et composée de deux éta-
ges, que Mgr de Chabannes avait fait construire en 1753. Deux
jardins l'accostaient; l'un, au sud, fut affermé au citoyen
Charles Serres, un jardinier qui donnait quelques soins à
l'atelier et l'embellissait de ses fleurs; l'autre, le plus grand,
était cultivé par lui, à moitié fruits. Bon an, mal an, Charles
Serres versa au F∴ trésorier de 262 à 326 livres 5 sols (2).

Et le Temple était vraiment la maison du Bon Dieu ! Le
frère servant Broca était, comme le souhaitaient les principes
maçonniques, un homme bienveillant et bienfaisant, quoique
concierge. Avec son autorisation plus ou moins tacite et celle
du jardinier, les voisins utilisaient les greniers, où la paille
s'empilait, les jardins où les dépôts s'entassaient (3). La loge
elle-même avait autorisé Lapalme, un profane pourtant, et
encore à titre gracieux, à utiliser cour et décharge pour y
placer du bois (4). Et comme Broca, décidément mauvais con-

---

(1) *Mss.*, pp. 102, 196, et Ph. Lauzun : *Les Couvents d'Agen*, t. II, p. 363.
(2) *Mss.*, pp. 8, 9, 233. — Ph. Lauzun, *op. cit.*, pp. 350-51. — *Comptes* de
de la Loge communiqués par le Docteur de Gaulejac.
(3) *Mss.*, p. 100.
(4) *Mss.*, pp. 8 et 9.

cierge, n'habitait pas le ci-devant Refuge, il avait pris l'habitude de déposer la clef de l'atelier à un endroit que les étrangers finirent par connaître, ce qui n'était évidemment pas sans inconvénients (1).

A l'intérieur, c'était la simplicité la plus évangélique. Le trône du vénérable n'était qu'un fauteuil prêté par un profane qui suppléait le f.·. Broca (2). Falagret, un frère, celui-là, pour décorer la salle, avait confié une tenture en tapisserie qu'il surveillait d'un œil de... maître et qu'il finit par réclamer (3).

On mit bon ordre à tout cela. En l'an XI les greniers furent vidés, les cours dégagées. Broca cacha mieux sa clef; les constitutions et les insignes de l'ordre furent enfermées dans une cassette (an XII) (4). Pour donner au Temple plus de splendeur et conformément aux règles maçonniques, l'architecte Tonnelé-Gimbrède fit installer en messidor an X les deux *colonnes* symboliques devant lesquelles devaient se tenir les deux surveillants, à l'occident et au midi, derrière les portes du Temple (5). Elles portaient respectivement les lettres fatidiques **J** et **B**. J, c'était la première lettre de *Jakhin* — qui veut dire *Force* et qui était le nom d'une des colonnes d'airain placée à la porte du Temple de Salomon, autour de laquelle s'assemblaient les *apprentis-maçons*. B, c'était le commencement de *Booz*, « *Sagesse* », nom d'une autre colonne, placée au midi, près de laquelle se groupaient les *compagnons*.

Sur les murs, des papiers peints venant de Lyon et toute une décoration appropriée, esquissée en l'an VII, continuée ou modifiée en 1801 et 1803, mais assez chichement : les ressources de l'atelier étaient maigres et la simplicité, d'obligation ! Les procès-verbaux ne précisent pas les motifs décoratifs qui servaient d'ornement à la salle. Mais il n'est point douteux que devaient y figurer la plupart des emblèmes et

---

(1) *Mss.*, p. 97.

(2) *Mss.*, p. 258.

(3) *Mss.*, p. 121. Le f.·. Laborde en offrit immédiatement une autre en échange.

(4) *Mss.*, pp. 97, 100 et 156.

(5) *Mss.*, pp. 79 et 95.

attributs maçonniques que reproduit notre simili-gravure : les *bijoux*, comme l'équerre, le niveau et la ligne d'aplomb, sans parler de la planche à tracer, des pierres brute et cubique; le *soleil* et la *lune;* les trois mystérieuses *fenêtres* donnant l'une à l'orient, l'autre au midi, la troisième à l'occident; l'*étoile flamboyante* dans laquelle brille un G qui signifie *Got* ou Dieu (1). Mais nous en sommes sur cette ornementation réduit aux conjectures. Une précision cependant : les colonnes du Temple furent en partie l'œuvre de Parfait-Lumière, frère à talent qui n'en manquait pas et qui dessina pour la Loge un « *tableau de réception* » avec cet art délicat qui faisait florès à l'Ecole Centrale. Pour les frais qu'il engagea trente francs lui furent alloués le 18 brumaire an X (2).

L'atelier poursuivit ses travaux au Refuge jusqu'en l'an XIII. Quand le bail vint à expiration, les frères apprirent qu'il ne serait pas renouvelé. On avait besoin de l'immeuble, disait-on, pour une école secondaire destinée à remplacer l'Ecole Centrale de Lot-et-Garonne qui venait de faire fiasco. Il fallait donc chercher ailleurs un nouveau gîte (3). Le 14 nivôse an XII une commission fut nommée pour s'en occuper. Composée de Claude Lamouroux, Chaudordy, Menne et Lespès, elle hésita longtemps. Le choix de la Loge, qui faillit se fixer sur un local appartenant au frère Passelaygue (4) et situé rue des Prisons, s'arrêta définitivement le 25 pluviôse an XIII (14 février 1805) sur une partie de l'ancien couvent des religieuses de Paulin, bien national acquis aux enchères publiques, au 7° feu le 1er prairial an VI (20 mai 1798) par le frère Pierre Lauzun, au prix de 525,000 francs, somme considérable même calculée à la valeur du temps (5).

---

(1) Voir notamment pour l'an XII, *ms*, p. 176. La planche que nous publions est extraite d'un ouvrage du xviii° siècle sur lequel nous aurons l'occasion de revenir. En outre des bijoux que nous signalons, on voit, surmontant le cadre : la houppe dentellée. Au fond, le temple de Salomon précédé de sept marches, les colonnes surmontées de leurs chapiteaux et, au-dessus, une devise de loge : *Fidelibus moribus unita.*

(2) *Mss.*, p. 79.

(3) *Mss.*, pp. 114 et 116.

(4) *Mss.*, pp. 116 et 119.

(5) *Mss.*, pp. 214-15, et Ph. Lauzun, *op. cit.*, t. ii, p. 129.

Par son isolément et par son étendue, l'immeuble, au dire de Gimbrède, donnait toute satisfaction et se prêtait fort bien à l'installation de l'atelier. Il faisait le coin de la place Paulin et de la rue Pontarique. La loge actuelle en occupe encore une partie. Lauzun vida ceux des locaux qu'il tenait encore et l'atelier prépara la plus confortable des installations. Il fut décidé que la Loge proprement dite se tiendrait en haut du ci-devant couvent et que la grande salle du rez-de-chaussée serait affectée aux banquets ou *loges de table* (1). Des devis furent établis par Tonnelé-Gimbrède et, la caisse étant à sec, chaque F∴ fut imposé extraordinairement de 24 francs (2). Comme il est accoutumé, les uns s'exécutèrent avec empressement, d'autres se firent tirer l'oreille; d'autres ne payèrent pas, bien qu'il leur ait été rappelé que contribuer au paiement des travaux du Temple, c'était « une dette sacrée » (3). L'aménagement et la décoration, sous la direction du frère architecte, ne s'exécutèrent qu'avec une lenteur qui, pour être sage, n'en désespérait pas moins ses compagnons. Le F∴ Pauliac fut chargé de la partie artistique; il orna les murs des emblèmes et attributs maçonniques (4). A la fin de l'an XIII, Pascalis, secrétaire particulier du Préfet, fit affecter par ses frères 400 francs de plus à l'embellissement de la loge, notamment pour en « faire parsemer le ciel d'étoiles » (5). La salle des banquets n'échappa pas à sa sollicitude agissante. Un comble pour elle : il obtint de la faire « griser » le 4 vendémiaire an XIV (26 septembre 1805). Les archives furent enfermées dans une caisse munie d'une triple clef, pour le vénérable, le grand secrétaire et le garde des sceaux (17 octobre 1805) (6).

Commencés en ventôse an XIII, c'est-à-dire au commencement de 1805, les travaux, surtout ceux de décoration, n'étaient pas encore achevés à la fin de l'année. La *Sincérité*, obligée de quitter le ci-devant Refuge, reçut l'hospitalité la

---

(1) *Mss.*, pp. 214, 216, 220, 222.
(2) *Mss.*, p. 225.
(3) *Mss.*, pp. 225 et 241.
(4) Voir notamment *Mss*, pp. 250 et 251.
(5) *Mss.*, pp. 254 et 264.
(6) *Mss.*, pp. 264 et 266.

plus maçonnique de sa vieille sœur : La *Parfaite Fraternité*, qui, après un sommeil plus long que le sien, avait rouvert les yeux à la lumière de l'Orient d'Agen en l'an XII. Elle y tenait séance le 13 juin 1805: elle y travaillait encore au mois d'août suivant (1). Le banquet traditionnel de la Saint-Jean, obligatoire pour les maçons, se fit pourtant dans la grande salle du rez-de-chaussée de la nouvelle loge, dont la décoration n'était pas terminée. « Point de décors pompeux, dira le vénérable Noubel en guise d'excuses, point de cette apparence de grandeur et ce fini d'architecture que les FF∴ eussent peut-être désiré pour la célébration de la fête. Mais ils en seront satisfaits quand même, ajoute Raymond Noubel, surtout s'ils apportent au Temple cette ferveur, ce désir de travailler et les autres dispositions qui caractérisent les vrais enfans de la L∴ et qui peuvent bien remplacer les signes extérieurs et frivoles, indignes de la gravité de nos travaux (2). »

Il vint une heure où ces *signes extérieurs* et *frivoles* apparurent enfin. La loge, déjà juste et parfaite, suivant la formule maçonnique, n'eut plus rien à envier aux ateliers des Orients voisins.

Elle était tenue par Broca, ce *frère servant* dont nous avons parlé et qui avait été élevé au grade de maître, encore que ses fonctions de concierge eussent dû l'écarter de la maîtrise. Aux ordres des dignitaires pour tout le service maçonnique, soumis aux épreuves d'usage, exempt de toute contribution, il occupait la seule fonction rétribuée de la loge. Elle n'était pas à dédaigner. Broca touchait une gratification annuelle de 100 livres; 3 francs par chaque admission; 1 fr. 50 pour chaque élévation en grade; 24 sous à chaque diplôme délivré à un frère, sans compter la desserte et les reliefs des banquets et les pourboire (3). La *Sincérité* se montra toujours généreuse pour lui. Le 16 messidor an VI, elle lui vota une gratification de 100 livres pour l'aider à réparer sa de-

---

(1) *Mss.*, pp. 230, 256.
(2) *Mss.*, p. 239.
(3) *Mss.*, pp. 75, 8, 180.

meure, et 25 francs, le 19 fructidor an XII, au cours d'une maladie qui devait l'emporter (1).

On lui chercha un coadjuteur avec promesse de succession et le choix se porta sur un cordonnier profane, le sieur Fabre, qui, pour devenir concierge, accepta de se faire initier. Broca mourut au commencement de l'an XIII et Fabre resta seul frère servant (2).

------

(1) *Mss.*, pp. 7, 179, 180.
(2) *Mss.*, pp. 181, 187, 189, 190, 191.

CHAPITRE V

Les travaux de l'atelier. — L'initiation maçonnique : ses mystères, signes, paroles et attouchements. — Réceptions de compagnons et de maîtres. — Loges d'instruction. — Le catéchisme maçonnique.

Que font dans leur loge du Refuge ou de Paulin les maçons de l'Orient d'Agen ? La formule maçonnique répond : *Ils travaillent*. Mais à quel genre de travaux ? Ils ne s'occupent, comme le déclarent et le prouvent leurs procès-verbaux, « ni de culte, ni de politique » (1). C'est une réunion « d'hommes sages et vertueux, dont l'objet est de vivre dans une parfaite égalité, d'être intimement unis par les liens de l'estime, de la confiance et de l'amitié sous la dénomination de frères et de s'exciter les uns les autres à la pratique des vertus ». Ils s'assemblent, diront-ils à la mairie d'Agen, « pour cause de délassement et pour exercer des actes de bienfaisance » (2).

Avant tout, c'est l'instruction maçonnique qui leur est donnée, c'est l'initiation aux mystères du Temple de Salomon qu'ils reçoivent par tranches, suivant leurs grades symboliques; c'est l'adaptation à tout ce mysticisme archéologique qui fut de mode au xviiie et même dans le cours du xixe siècle et d'où l'ordre maçonnique, partant du plus sage des rois et passant par Saint Jean, précurseur de l'Homme-Dieu et grand patron de toutes les loges, prétend extraire toute une morale civique propre à conduire l'humanité.

A lire les délibérations de l'Atelier, où le vide apparaît à chaque séance, et les prétentions des dignitaires à la régénération mondiale par la Maçonnerie, on reste confondu. Il est vrai que les petites causes peuvent parfois produire de grands effets ! « La science de l'Art Royal, dit un rapport maçonnique de 1807, aura toujours beaucoup d'attraits pour qui aime à étudier les grands principes de la morale civile, pour quiconque a un cœur disposé à s'ouvrir aux douces im-

---

(1) *Mss.*, p. 5.
(2) *Mss.*, p. 5.

pressions de la philanthropie; et ce qui ajoute encore au plaisir de se livrer à l'étude de cette science, c'est de parcourir les premiers degrés de l'instruction à l'aide de symboles ingénieux, d'une foule d'emblèmes qui offrent à l'imagination une carrière assez vaste et peuvent lui donner un exercice varié » (1).

Le premier exercice que fait le profane, une fois admis, c'est de subir les épreuves de *l'initiation* au grade d'apprenti, par quoi lui seront conférés la qualité de maçon et le titre de frère. Voici, à titre d'exemple, comment elle est décrite dans les procès-verbaux de la Loge d'Agen; il s'agit de Jean Lamouroux (6 messidor an VI), qui fut plus tard professeur de botanique à la Faculté de Caen.

« On annonce à la Respectable Loge que le profane Jean Lamouroux fils, dont on a délibéré l'initiation au grade d'apprenti, est sur le local. Il est amené dans la *chambre de réflexion*. Deux frères vont ensuite le faire mettre en état de *décence* et le frère trésorier ayant déclaré qu'il avait les mains garnies, on l'a conduit sur le parvis du Temple. Il s'est annoncé *par trois grands coups*. Il a été introduit et après avoir subi avec courage les *épreuves d'usage*, il a été admis à voir la *lumière*. On a applaudi à sa réception et il y a répondu avec sensibilité.

« Le frère Lacoste (sous-orateur) a adressé au f∴ Lamouroux fils un discours dans lequel il a fait un tableau fidèle des mœurs du monde profane, comparé avec celui des mœurs maçonniques. Il a fait sentir au nouvel initié la sublimité de celui-ci et la dépravation des autres et il a tâché de lui inspirer l'amour ardent de la vertu et l'indignation contre le crime. La R. L. a applaudi à ce *travail* et le f∴ Lacoste a été invité à le déposer dans les archives.

« Le f∴ Lamouroux, père du nouveau récipiendaire, a présenté à son fils les obligations qu'il venait de contracter.

______

(1) *Règlement de la R∴ L∴* de Saint Jean de Jérusalem régulièrement constituée... sous le titre distinctif de Napoléon I.e Grand. Agen, Noubel, 1807, in-8, p. 11.

La voix d'un père sensible ajoutait un nouveau poids aux leçons touchantes qu'elle exprimait. Ses accens ont été souvent étouffés par l'émotion la plus vive. La loge la partageait avec lui, mais elle s'est portée à son comble, le cœur de tous les ff.·. ne pouvait rendre tout ce qu'il éprouvait; leurs larmes seules ont pu payer dignement leur tribut d'admiration et de sensibilité lorsqu'ils ont vu le fils se précipiter dans les bras de son père et lui témoigner sa reconnaissance par les plus douces étreintes et les plus affectueux embrassemens. Les voûtes du Temple ont retenti des plus vifs applaudissemens.

« La loge a été ensuite suspendue pour ouvrir celle de *table* (1). »

Il n'entre pas dans le cadre de cette étude de décrire tout le cérémonial maçonnique en usage dans nos ateliers. Contentons-nous d'expliquer les termes techniques du procès-verbal. La chambre *de réflexion*, ou chambre noire, sert au postulant qu'assiste son parrain à examiner s'il persiste à se faire recevoir. Si oui, deux frères le viennent mettre en *état de décence*, c'est-à-dire lui ôter, s'il y a lieu, épée et métaux; lui découvrir le genou droit, lui faire mettre son soulier gauche en pantoufle et lui bander les yeux. Le trésorier constate qu'il a les *mains garnies*, c'est-à-dire qu'il est en règle avec la caisse. A *La Sincérité* il fallait acquitter un droit d'entrée de 80 francs, ce qui éloignait beaucoup de postulants et amena plusieurs fois des récriminations des ff.·. qui voulaient une diminution de moitié. Réduit à 60 francs en 1803, le droit de réception fut définitivement ramené à 80 le 5 messidor an XII (2).

Le parrain demande alors l'entrée du Temple par trois grands coups qui symbolisent le verset de l'Ecriture à l'usage maçonnique : Frappez, on vous ouvrira; demandez et vous recevrez; parlez, on vous répondra.

----

(1) *Mss.*, p. 4.
(2) *Mss.*, p. 157.

Les portes du Temple s'ouvrent alors. La loge soigneusement fermée ou *couverte* est illuminée; les frères, debout, l'épée à la main pour écarter les profanes; le frère Terrible entre en fonctions et les épreuves commencent. On fait effectuer au postulant trois fois le tour de la loge en passant par le Nord; monter en sept petits pas, les pieds en équerre, les sept marches du Temple de Salomon que reproduit notre simili-gravure et qui se trouve dessiné sur une « *planche d'architecture* » posée sur le sol pour la circonstance (1). Puis, demi-tour à gauche et toujours les pieds en équerre, de façon qu'il puisse présenter l'épaule droite au vénérable, il s'avance, en trois pas égaux, auprès d'un tabouret situé face au trône du vénérable, à l'Orient. Il met son genou droit sur ce tabouret, découvre sa mamelle gauche sur laquelle il appuie la pointe d'un compas à demi-ouvert et jure de garder les secrets de l'ordre maçonnique. Pendant qu'il répète, après le vénérable, la formule du serment, celui-ci a son maillet levé au-dessus du compas du récipiendaire, prêt à frapper. Le serment prêté, les épées rentrent dans les fourreaux; le bandeau tombe qui lui couvrait les yeux et l'apprenti voit la lumière, les colonnes du Temple, le soleil et la lune, les cierges décorés du nom d'*étoiles* et aussi les 36 chandelles que les yeux habitués à l'obscurité ne peuvent décompter quand vient brusquement le jour. Le Vénérable lui passe le tablier de maçon que fournissait à la loge le gantier Duffour et qui revenait à 3 l. 12 s., *prix* qui fut porté en l'an XI à 4 livres 4 sols. Il lui offre deux paires de gants de peau blanche, une paire pour lui, l'autre pour sa Dame, et lui donne la « parole » de l'apprenti qui est JAKHIN, nom de la colonne du temple qu'il *ornera* désormais, et le mot de passe

---

(1) Cette simili-gravure est extraite d'un ouvrage imprimé au xviiie siècle et intitulé : *Nouveau catéchisme des Francs-Maçons;* 3e édition. L'auteur est un adversaire de la Maçonnerie. Mais les détails qu'il fournit sur les mystères de l'ordre trouvent confirmation dans les règlements et instructions imprimés à Agen pour l'éducation maçonnique au commencement du xixe siècle, notamment dans un petit volume in-16 édité par le f.˙. Quillot, imprimeur, à Agen : « *Instructions pour les grades symboliques de la Franc-Maçonnerie* ».

Tubalcain, nom du fils de Lamech, qui le premier travailla les métaux. Il esquisse devant lui le *signe guttural* réservé à son grade, qui se fait en trois temps en portant la main droite sur l'épaule gauche, puis sur la droite et en la laissant retomber sur la cuisse; puis il lui montre l'*attouchement*, qui consiste, lorsqu'on prend la main d'un frère, à lui presser avec le pouce la première jointure de l'index.

Et voilà le profane définitivement reçu maçon ! Les discours suivent plus ou moins nombreux et didactiques. Barret de Lavedan harangua son fils comme Claude Lamouroux (1). Généralement, à *La Sincérité*, le vénérable, comme il le fit en l'an XIII, prononçait avec l'orateur un discours sur l'institution maçonnique, ses bienfaits et les devoirs de ceux qui participent à ses mystères (2). On lisait aux frères un discours explicatif sur le but et les allégories de l'art. « La loge suivait toujours, dit un procès-verbal du 30 thermidor an XIII, la lecture de cette pièce avec un plaisir nouveau et y applaudissait avec sensibilité ». Et la fête s'achevait, non point par des chansons, mais par un banquet ou *loge de table* (3).

L'apprenti devenait vite compagnon. Pour obtenir ce second grade symbolique, il fallait avoir 23 ans et trois mois d'apprentissage. Mais à *La Sincérité* les règlements étaient souvent lettre morte. On les interprétait dans leur esprit, avec la plus grande largeur de vue. Beaucoup de frères obtinrent très vite les trois grades. Aux âmes bien nées.... !

Ce fut le cas de Pascalis, le secrétaire du Préfet. Initié le 5 messidor an X, il s'assimila si vite le vocabulaire, le rite et les allégories maçonniques que la Loge en fit un compagnon trois semaines plus tard, le 26 messidor (4). Pébernat, le frère à talent, conquit son second rang en un mois, de même Salesse, de Figeac (5) Beaucoup d'autres franchirent vite

(1) *Mss.*, p. 122.
(2) *Mss.*, p. 257 et *passim*.
(3) *Mss.*, p. 257.
(4) *Mss.*, pp. 84-85.
(5) *Mss.*, pp. 107, 112, 113.

les portes du Temple pour la deuxième initiation, entr'autres l'ex-curé Grenier, Chaudordy fils, de Bellegarde, Sainte-Colombe et Barbier-Lasserre (1). Mention spéciale pour Daurée de Prades et J.-B. Goux, admirés de leurs collègues pour « les progrès rapides et surprenans que ces nouveaux ouvriers avaient faits dans la science de leur grade » (2).

Ils l'avaient puisée dans les loges d'instruction ou de *discipline* et surtout dans ce qui constituait le catéchisme des apprentis. On leur apprenait que tous les ateliers étaient placés sous le vocable de Saint Jean (3), que les noms de *Paix* et de *Sincérité* n'étaient que titres distinctifs, qu'une loge était simple, juste ou parfaite suivant qu'elle était de trois, de cinq ou de sept membres : vénérable et deux surveillants, maître et apprenti, ou deux maîtres et deux apprentis-compagnons; que le Vénérable était à l'Orient comme le soleil levant, parce qu'il éclaire les ouvriers à l'œuvre. On leur expliquait les emblèmes et les symboles maçonniques, ainsi que les devoirs du maçon : fuir le vice et pratiquer la vertu ! Et ils apprenaient le sens allégorique de la planche que nous avons donné en simili-gravure.

La réception de compagnon s'accomplissait avec un cérémonial qui, au début, ressemblait fort à celui des apprentis. Il s'en différenciait cependant en ce que le postulant n'avait plus les yeux bandés et qu'il n'était plus question de genou nu et de compas sur le sein. La *marche* se faisait autrement, en trois grands pas égaux en zig-zag, un vers le Midi, un vers le Nord, un vers l'Orient. Le *serment* de garder le secret des compagnons vis-à-vis des apprentis se prêtait la main droite sur le cœur, le pouce écarté de façon à former une équerre. C'était le signe *Pectoral* : il signifiait que les violateurs du serment méritaient d'avoir le cœur arraché. Le *guttural* des Apprentis, naturellement plus modeste, se con-

---

(1) *Mss.*, 135, 149, 199, 249.
(2) *Mss.*, p. 276.
(3) Il s'agit de Saint-Jean-Baptiste dans certaines loges; dans d'autres, de Saint-Jean L'Hospitalier.

tenlait de la gorge coupée ! La *parole* de compagnon, c'était Booz, nom du pilier près duquel il allait se placer; le *mot de passe* : SCHIBBOLETH. La tribu d'Ephraïm, qui le prononçait mal, fut ainsi reconnu par les autres tribus en lutte avec elle. Tous les Ephraïmites qui se présentèrent pour traverser le Jourdain furent tués et précipités dans le fleuve. L'*attouchement*, ou signe manuel, se faisait en prenant la main d'un frère et en lui pressant avec le pouce la première jointure de l'index, puis celle du doigt suivant, en alternant ainsi avec lui.

On expliquait ensuite au récipiendaire le catéchisme de son grade tout en allégories. Il apprenait que le pavé mosaïque, l'étoile flamboyante et la houppe dentelée — qui figurent dans notre simili-gravure — sont les trois ornements de la loge de compagnon, que le pavé... pavait le Temple; que l'étoile était au centre et que la houppe en bordait les extrémités. On l'avertissait qu'au point de vue maçonnique il avait ce jour-là atteint l'âge de sept ans, qu'au point de vue moral il devait fuir la médisance, la calomnie et l'intempérance, et observer le silence, le secret, la prudence et la charité envers ses frères.

Quand l'atelier trouvait que le maçon méritait le *grand salaire*, il passait *maître*. Il fallait avoir 25 ans pour le devenir. Barret-Lavedan fils reçut la maîtrise à 23 ans et le grand Orient de France refusa de lui en délivrer le diplôme à cause de sa jeunesse. En quoi le Grand Orient avait tort. Barret était *lewton* et bénéficiait, par conséquent, d'une dispense d'âge. Au reste, la dignité de maître, une fois reçue, était ineffaçable. Ainsi le voulaient les principes maçonniques et les constitutions de la Loge d'Agen. Le Grand Orient dut s'incliner (1).

La réception de maître était entourée d'un cérémonial compliqué. Dans une petite étude restée manuscrite et conservée aux Archives départementales de Lot-et-Garonne, ce vieux maçon de Claude Lamouroux, reprenant une idée chère aux

____

(1) *Mss.*, pp. 172, 173.

RÉCEPTION D'UN MAITRE F∴ AU XVIII° SIÈCLE
(D'après une gravure du temps)

doctrinaires de l'Ordre, essayait de démontrer que Virgile était un précurseur et que son fameux livre VI de l'Enéide, où il conte la descente d'Enée aux Enfers, n'était au fond, les secrets gardés, que le récit de l'initiation de maître. Enée, c'est Salomon ; le fidèle Achate, c'est le parrain ; Misène, c'est Adoniram, l'architecte du Temple ! (1).

Saluons Virgile franc-maçon et, sans nous arrêter au secret, si bien gardé, que les Encyclopédies modernes observent à son sujet « de Conrad le silence prudent », esquissons à grands traits la cérémonie de l'initiation.

Elle roule tout entière sur l'assassinat d'Adoniram par trois compagnons qui voulaient savoir le mot de maître pour en toucher la paye. Frappé par deux d'entre eux, au midi et au septentrion, l'architecte essaya de s'échapper par la porte de l'Orient, où il fut assassiné par le troisième compagnon. Les meurtriers l'enterrèrent aux environs du Temple et, pour reconnaître sa tombe, y plantèrent une branche *d'acacia*, qui fit par hasard retrouver le cadavre. Salomon le fit enterrer dans le Temple. Une médaille fut placée sur son tombeau; elle était d'or en forme de *triangle* ; sur l'une de ses faces était gravé : Jehovah, l'ancien mot de maître. Tous les maçons fidèles devinrent ainsi les *fils de la veuve* d'Adoniram.

Avec quelques variantes propres à chaque atelier, voici comment le grand acte se passe : lorsque la loge de **maître** est ouverte et que le parrain du récipiendaire a frappé trois fois trois coups à la porte du Temple, le vénérable qui, pour la circonstance, prend le titre de *Très respectable*, donne l'ordre de l'admettre. Le second surveillant tire l'épée, ouvre brusquement la porte et présente la pointe de son glaive au compagnon avec ordre de la poser sur sa mamelle gauche. L'un et l'autre font ainsi trois fois le tour de la salle. Tous les frères, en habit maçonnique avec les attributs de leur dignité, sont rangés, l'épée à la main, sur les deux colonnes symboliques, le vénérable, à l'Orient. Des cierges ou *étoiles*, rangés

---

(1) Archives départementales de Lot-et-Garonne, fonds Lamouroux. Voir aussi Ph. Lauzun : *Une famille agenaise; Les Lamouroux*. Agen, Lamy, 1893; gr. in-8, pp. 62 et 68.

par trois, éclairent le spectacle dont notre simili-gravure ne peut donner qu'une faible idée. Chaque fois qu'ils passent devant le *Très Respectable*, le récipiendaire fait le signe de compagnon et le surveillant, celui de maître et le voyage continue. Les trois tours terminés, les épées rentrent dans le fourreau et les épreuves se poursuivent. On fait effectuer au postulant le *pas de maître* en trois grandes enjambées « triangulaires ». A chaque pas, il est frappé trois fois aux épaules. Il jure ensuite de garder le secret de maître. « Alors apprêtez-vous à soutenir, lui dit le *Très Respectable*, les trois terribles coups que je vais vous porter en mémoire d'Adoniram ». Et il feint par trois fois de l'assommer de son maillet. On saisit alors brusquement le postulant et on l'étend sur la forme de cercueil que l'on voit sur le plancher dans la simili-gravure. Les frères dégaînent encore et menacent le corps étendu de la pointe de leurs épées, toujours en l'honneur d'Adoniram. Puis le vénérable le relève, après l'avoir laissé retomber deux fois en disant, à la première : *Jakhin* ; et, à la seconde : *Booz.* A la troisième et dernière reprise, il lui donne *l'attouchement de maître,* c'est-à-dire qu'il le prend par la main et appuie les 4 doigts écartés et à demi repliés en forme de serres sur la jointure du poignet, le pouce passé entre l'index et le pouce du récipiendaire. En le relevant, il prononce la *parole* de maître : MAKBÉNAK, qui signifie d'après les maçons : *la chair quitte les os.* Ce mot fut le premier prononcé par le maître qui déterra le corps d'Adoniram, en le saisissant par le poignet. Il ne reste plus alors au *Très Respectable* qu'à donner au nouveau maître *l'accolade* par trois baisers, le placer à sa droite, abattre la bavette de son tablier de peau blanche, privilège réservé à la maîtrise, et lui apprendre le *mot de passe,* qui était alors *Giblos.* La fête est terminée. La loge de maître est fermée ; on passe à table.

Les frères faisaient naturellement eux-mêmes leur instruction maçonnique. Par les discours qu'ils entendaient, par les explications qu'on leur donnait, par les *planches d'architecture* qu'ils lisaient, ils s'initiaient peu à peu aux mystères du

Temple de Salomon , aux malheurs d'Adoniram ou d'Hiram, son architecte, l'une des premières victimes des revendications du prolétariat !

C'est dans la *loge d'instruction* et *de discipline* que le vénérable constatait surtout leurs progrès. C'est là qu'on instruisait les ff∴ plus spécialement et qu'on les interrogeait sur le catéchisme de leur grade, les mystères et les allégories qu'ils devaient connaître avant de recevoir une *augmentation de salaire*, c'est-à-dire le grade supérieur. Elle comprenait en outre la connaissance des constitutions et règlements de la Paix-Sincérité, la lecture de *morceaux d'architecture* provenant surtout du Grand-Orient. L'instruction durait une heure. A partir du 18 messidor an XI, il fut décidé qu'elle aurait lieu le premier lundi de chaque mois, soit pour les apprentis, soit pour les compagnons, soit pour les maîtres, au gré du vénérable. Quand elle portait sur la maîtrise, compagnons et apprentis *couvraient* le temple ; s'il s'agissait des compagnons, les apprentis seuls se retiraient. (1).

Il arrivait souvent à la loge d'Agen que les réponses aux interrogations étaient inexactes ou insuffisantes, voire même mauvaises. Le vénérable était bien obligé de s'en contenter. Tout doucement il rappelait les frères à l'ordre et les exhortait, comme Barret-Lavedan en l'an VII, à mieux apprendre leur... catéchisme (2).

A la loge d'instruction, tous les frères intéressés devaient assister ; c'était une obligation formelle. En l'an VII, tous ceux qui manquèrent la séance du 25 brumaire sans excuse valable furent censurés.A 'la lecture du procès-verbal qui mentionnait le fait, des frères s'étonnèrent et demandèrent une modification au texte de la délibération. Et si grandes étaient l'indulgence et la charité de l'atelier qu'on décida, après un long débat, d'ajouter le qualificatif de *fraternelle* comme correctif au mot *Censure*. Tout se passait en famille. Le père menace, mais ne frappe pas (3).

____

(1) *Mss.*, pp. 96, 167.
(2) *Mss.*, pp. 22, 23, 24.
(3) *Mss.*, pp. 23-24.

Si quelques maçons répondaient mal, d'autres surprenaient par la vivacité de leur esprit, leur don d'assimilation et le brio de leurs réparties. En l'an XII et en l'an XIII, les interrogations furent particulièrement heureuses (1). Mais quelque intéressantes qu'elles fussent, les loges d'instruction étaient peu suivies; les maçons d'Agen étaient surtout « autodidactes ». Seules, les *loges de table* faisaient salle comble (2).

---

(1) Voir notamment *mss.*, p. 195.
(2) *Idem*, p. 56 et *passim*.

CHAPITRE VI

La fête de l'ordre : la Saint-Jean. — Installations des dignitaires. — Les banquets maçonniques : Un cantique à la mode.

À la *Paix-Sincérité*, initiations et réceptions étaient ordinairement suivies d'un banquet qui constituait évidemment le principal des « délassements » invoqués comme motif de réunion par les maçons de l'Orient d'Agen. Il y avait également *loge de table* le 24 juin, pour la Saint-Jean, grande fête d'obligation pour les ateliers de l'Univers; tous les frères étaient tenus d'y participer : ils célébraient ce jour-là et leur grand patron et leurs nouveaux dignitaires, qu'on installait solennellement.

Cette installation comportait tout un cérémonial qui s'accomplissait dans l'intérieur du Temple illuminé (1). Les nouveaux élus le *couvraient*. Alors allait au devant d'eux une délégation d'ouvriers de l'atelier en habit maçonnique et glaives en main. Les portes du Temple s'ouvraient et les nouveaux dignitaires passaient sous *la voûte d'acier* que les épées de la délégation formaient entre les deux colonnes fatidiques. Le cortège, vénérable au milieu, flanqué des deux surveillants, se déployait alors et gagnait l'Orient. Le vénérable prêtait serment de faire exécuter les règlements maçonniques et recevait de son prédécesseur les insignes de sa dignité; il installait à son tour les surveillants et les autres dignitaires en écoutant leurs serments et en remettant leurs insignes. La cérémonie se terminait et parfois même commençait par un discours « analogue à la circonstance », et par le traditionnel banquet.

Il était servi dans une salle spéciale de l'atelier, complètement close, éclairée par des *étoiles* rangées sur la table, en triangle ou en équerre, par trois, cinq, sept ou neuf. Le vénérable prenait sa place à l'Orient; à côté de lui, l'orateur et le

---

(1) Voici notamment *mss*, p. 47.

récipiendaire, s'il y avait ce jour-là réception. A l'occident, les deux surveillants; les maîtres au milieu; de chaque côté de la table, apprentis et compagnons. Les *travaux* ne commençaient qu'à la fin du repas. Tous les profanes qui avaient aidé au service se retiraient alors. La loge de table s'ouvrait. Le vénérable, dit une instruction, frappe trois coups avec son maillet; les frères se mettent *à l'ordre*. Instantanément, dans la terminologie maçonnique, le pain devient *pierre brute;* les liquides, de la *poudre*, poudre *forte* pour le vin blanc ou rouge, poudre *faible* pour l'eau; poudre *fulminante* pour les liqueurs. Les bouteilles se changent en *barriques;* les verres, en *canons;* les couteaux, en *glaives;* les fourchettes, en *pioches;* les cuillères, en *truelles*. Les assiettes se transforment en *tuiles* et les serviettes en *drapeaux*. Enfin, grand remède à la crise de la vie chère, les aliments ne sont que des.... *matériaux* (1).

A titre d'exemple, voici le récit de la loge de table tenue en l'an VII au grand jour de la Saint-Jean d'été. Le vénérable Lamarque-Plaisance préside; il a près de lui un employé de l'enregistrement Miraben, initié le matin même, et Lacoste, l'orateur, avec une quarantaine de convives qui vont *travailler* agréablement. L'heure des *toasts* a sonné.

« A l'ordre, mes frères, dit le vénérable, debout, à qui font écho les deux surveillants Layniac et Dutrouilh. Chaque frère met de la *poudre* de son choix dans son *canon*, qu'il aligne sur la table ainsi qu'*étoiles* et *barriques*, et Lamarque commence :

1ʳᵉ santé : « *A la République française. Puissent la Sagesse et la Force rendre notre Gouvernement impérissable* ». Il met alors la main sur son *canon* et chacun des convives l'imite. « *En joue* », dit-il, et les canons sont levés, bras tendus. « *Feu* », ordonne-t-il, et les canons partent, ce qui signifie que chacun boit les yeux fixés sur Lamarque pour achever le *travail* en même temps que lui et choquer ensuite avec ensem-

______

(1) Voir l'*Instruction pour les grades symboliques* que nous avons déjà citée.

ble les verres contre la table. On applaudit enfin par la triple batterie et l'on pousse en chœur le triple vivat.

Lamarque, lorsque le bruit s'est apaisé, se lève encore et les ff∴ l'imitent. Il porte son deuxième toast au Corps Législatif et au Directoire : « *Puissent-ils, par leur union et leur énergie, assurer le triomphe des républicains* ». Et alors suivent la mise en joue, le feu, la triple batterie et le triple vivat.

C'est encore le vénérable Lamarque qui porte, avec le même cérémonial, la 3ᵉ santé à la Maçonnerie et à tous les ff∴ répandus sur la surface du globe : « *Puisse leur exemple amener tous les profanes autour du Temple de Salomon* ». Il s'adresse, à la 4ᵉ, aux *frères visiteurs* : « Puissent-ils nous procurer souvent le plaisir que nous ressentons de les avoir parmi nous ». En leur nom, le T. C. F∴ Illy remercie et pousse le triple vivat.

Le vénérable porte la 5ᵉ santé à Miraben, le nouvel initié, qui répond par les batteries d'usage. La 6ᵉ, c'est le premier surveillant Layniac qui la porte à Lamarque. Le nouveau vénérable répond « avec sensibilité », suivant la formule. Après quoi, reprenant la parole, il porte le 7ᵉ et dernier toast à tous les dignitaires de l'ordre. Il y est répondu par le triple vivat maçonnique commandé par le premier surveillant.

Le travail est terminé; l'atelier ferme ses portes aux formes accoutumées (1).

C'était pour les ff∴ une journée chargée: Ils avaient eu à subir loge ordinaire, cérémonie d'initiation de Miraben, installation des dignitaires et loge de table. Mais c'était le jour où il fallait plus que jamais faire preuve de zèle. Le banquet du 24 juin était d'ailleurs, nous l'avons dit, *d'obligation* pour les maçons d'Agen. D'autres loges de table, celles-là facultatives, se tenaient soit à la Saint-Jean d'hiver, soit dans certains cas exceptionnels décidés par la loge, pour les initiations et réceptions, pour la célébration des fêtes civiques comme le 14 juillet ou le 18 brumaire, suivant les circonstances et la direction des vents politiques (2) !

---

(1) *Mss*, pp. 48-49.
(2) *Mss*, pp. 44, 275, 37, 21, etc....

Elles avaient lieu dans une salle du Refuge ou de Paulin et c'étaient les hôteliers de la ville qui les servaient, comme Laboulbène en l'an VIII et en l'an XIV, comme la citoyenne Gautier en l'an II, ou Cazenove en l'an XIII (1). Il semble qu'il y ait eu au Temple toute une installation où la cuisine se mijotait, si nous en jugeons par une délibération du 29 frimaire an XIII, où l'on voit l'atelier « inviter le frère Gimbrède à faire augmenter le nombre des fourneaux pour que les *matériaux* qui doivent servir dans les banquets soient préparés et cimentés comme il convient » (2).

Le prix du banquet variait entre 5 ou 6 francs par tête (3). Beaucoup de convives y figuraient comme invités : le frère à talent et les *visiteurs*. Si cette gratuité faisait le bonheur de quelques-uns, rendons cette justice aux maçons de passage dans l'Orient d'Agen qu'elle pesait à beaucoup. Nombre d'entr'eux s'abstenaient. Il fut alors décidé, le 8 floréal an XII, que le f∴ visiteur ne paierait point le premier banquet auquel il participerait. Il cesserait d'être invité et, par conséquent, devrait sa cotisation s'il revenait avant six mois révolus s'installer à nouveau au milieu de ses frères (4).

Sous le contrôle du vénérable et des deux surveillants, ses adjoints, le maître d'hôtel était chargé de l'organisation de ces agapes fraternelles et de tous les détails d'installation, de décoration, d'illumination ou de chauffage de la loge de table. Le maître d'hôtel avait du pain sur la planche ou plutôt de la *pierre brute*, pour employer le langage maçonnique ! Si l'on songe en outre aux difficultés du protocole, on comprendra qu'en l'an VI le titulaire de l'emploi, le frère Delbreil, ait pu faire quelques accrocs aux règlements (5).

Et, cependant, quand on compare le cérémonial de la loge d'Agen — tel qu'on le devine à travers les procès-verbaux —

---

(1) *Ms*, pp. 48, 49, et comptabilité de la loge. Le frère servant aidait l'hôtelier à assurer le service. Le domestique qui assistait l'hôtelier touchait une gratification de la loge, qui variait entre 1 franc 10 et 3 livres.

(2) *Mss*, p. 201.

(3) *Mss*, pp. 37, 44, 275, etc...

(4) *Mss*, pp. 39 et 136.

(5) *Mss*, p. 21.

à ceux de certains ateliers des Orients voisins, quelle simplicité ! Point de pompes solennelles, de costumes de grand apparat, de profusion désordonnée d'étoiles dans un Temple où
tout est lumière, de cérémonies funèbres avec draps noirs lamés d'argent, de bannières vertes ou blanches avec lettres de
couleur aurore, quand un frère va rejoindre le grand Architecte de l'Univers, comme les loges d'Agen en verront plus
tard ! Et pour ne parler que des banquets, pas de partie musicale où frères et profanes versent des flots d'harmonie pendant que les convives emplissent leurs *canons;* pas d'essais
poétiques où brille la Muse de quelque frère en mal d'enfanter
sous l'œil ironique des lettrés de l'atelier. Les procès-verbaux
de la Paix-Sincérité ne permettent même pas d'affirmer que la
chaîne maçonnique y fût formée avec les *drapeaux* (lisez serviettes) et que le vénérable entonnât le fameux cantique de
clôture (1) :

> Frères et compagnons
> De la Maçonnerie
> Sans chagrins, jouissons
> Des plaisirs de la vie.
> Munis d'un rouge bord
> Que, par trois fois, le signal de nos verres
> Soit une preuve que d'accord
> Nous buvons à nos frères.
>
> Joignons-nous, mains en mains;
> Tenons-nous ferme ensemble.
> Rendons grâce aux destins
> Du nœud qui nous assemble,
> Et soyons assurés
> Qu'il ne se boit sur les deux hémisphères
> Point de plus illustres santés
> Que celles de nos frères !

---

(1) Ce cantique était de rigueur dans les loges d'Agen au xix· siècle, à
l'époque où parut la brochure que nous avons déjà citée : *Instruction pour
les grades symboliques.*

CHAPITRE VII

**Les loges ordinaires de la Paix-Sincérité. — Vide des délibérations. — Céré-
monies d'ouverture et de clôture des travaux de l'atelier. — La devise
de la Paix.**

Pour si nombreux qu'ils soient et bien qu'ils constituent les
« *délassements* » agréables ou instructifs prévus au programme de la loge d'Agen, banquets, réceptions, initiations
ne sont point les seuls *travaux* habituels à l'atelier. Il suffit
pour s'en rendre compte de feuilleter le registre des procès-
verbaux de 1798 à 1805 et de pénétrer, grâce à lui, dans le
Temple, aux assemblées *ordinaires* des maçons agenais.

Elles se tiennent au moins une fois par semaine et peuvent
être convoquées extraordinairement par le vénérable. Celui-ci
siège sur son trône, à l'Orient. A l'Occident, les deux surveillants qui gardent les deux colonnes où les frères viennent s'ali-
gner; les compagnons terminent la colonne du Midi; les apprentis, celle du Nord. Les surveillants s'assurent que la loge
est couverte extérieurement et intérieurement, c'est-à-dire que
la porte du Temple est fermée, qu'aucun profane ne s'est
glissé parmi les frères et que personne ne peut écouter dans
la salle des Pas-Perdus. Sur l'invitation du vénérable, ils
constatent ensuite que tous sont à la place qui leur revient.

« A quelle heure les maçons ouvrent-ils leurs travaux, in-
terroge le président ?

— A midi.

— Quelle heure est-il ?

— Midi.

Dès que cette heure *symbolique* est annoncée, le vénérable
déclare ouverte la loge. Il frappe avec son maillet sur le trône
les trois coups classiques que répètent les surveillants. Les
maçons, les yeux tournés vers lui, font le signe maçonnique et
applaudissent par la batterie ordinaire. Vénérable, puis surveillants frappent encore un coup et le rideau se lève. C'est ce
que le procès-verbal enregistre sous cette formule : « La loge
d'apprenti a été ouverte aux formes ordinaires ».

Le vénérable se présente-t-il après l'ouverture des travaux, le surveillant ou le f∴ qui le remplace députe vers lui, dans le vestibule du Temple, le maître des cérémonies et cinq ff∴ tous armés du glaive et munis chacun d'une *étoile*. La porte du Temple s'ouvre, tous les assistants se lèvent, se mettent à *l'ordre* et forment la voûte d'acier générale. C'est ce que le procès-verbal du 13 prairial an IX enregistre sous cette forme laconique : « le frère Noubel, vénérable, arrivant est introduit dans le Temple sous la voûte d'acier et prend le maillet des mains du frère Barret (1) ».

Pour la clôture de l'assemblée, le registre dit souvent, comme le 4 messidor an VI : « Le sac de propositions présenté n'ayant offert aucune proposition, après que la boîte des pauvres a été offerte à la générosité des frères, la loge a été fermée aux formes et batteries d'usage (2) ».

— « Frère premier surveillant, dit le vénérable, à quelle heure les maçons ferment-ils leurs travaux ?

— A minuit !

— Quelle heure est-il ?

— Minuit, vénérable.

Celui-ci annonce alors qu'il va fermer l'atelier. Il frappe trois coups de maillet répétés par chaque surveillant. Les frères se lèvent et se mettent à l'ordre.

— A moi, mes frères ! demande le vénérable. Tous font le signe maçonnique, frappent la triple batterie et poussent le triple vivat. Le rideau tombe.

Midi, minuit ! Heures symboliques rappelant la durée du travail journalier fourni par les ouvriers du temple de Salomon. Malheureuse époque qui ne connaissait pas les bienfaits de la « loi de huit heures » !

Ces assemblées ordinaires étaient peu suivies. Initiations et surtout banquets faisaient seuls salle comble. En l'an VI, douze ou treize membres par séance; en l'an VII, quarante séances avec 15 ou 16 frères présents en moyenne. Ce fut pis

---

(1) *Mss*, p. 71.
(2) *Mss*, p. 1.

en l'an VIII. Aucun postulant ne fit glisser son nom dans le sac des propositions. Aucune assemblée du 13 fructidor an VII au 20 frimaire an VIII; 18 réunions seulement, y compris celles d'obligations avec une moyenne de 13 présents. Les plaintes des fidèles s'élèvent. La lumière a-t-elle donc disparu de cet Orient ? A plusieurs reprises, on constate dans les procès-verbaux la tiédeur maçonnique. Barret-Lavedan a beau exhorter ses frères à « relever avec zèle et constance l'éclat dont a brillé la loge pendant longtemps » (1), rien n'y fait. En l'an IX, absence encore de candidats, et 16 séances ordinaires avec 12 assistants en moyenne. Les dignitaires ont beau faire le signe de détresse (les deux mains jointes sur la tête, les doigts entrelacés), peine perdue ! Les travaux languissent; les frères désertent un atelier où, en temps ordinaire, ils ne savent que faire. On s'ennuie; les discussions sont ternes et les séances désespérément vides. On se fait de plus en plus tirer l'oreille pour payer l'*annuel*. En l'an X, sept à huit membres en moyenne; en l'an XI, même atonie. Quelques initiés de plus, cependant, mais toujours le vide dans les délibérations; toujours la monotonie des réceptions de visiteurs ou des correspondances échangées avec les loges des Orients voisins; toujours les mêmes demandes et les mêmes réponses, dans des assemblées que ne peuvent animer les huit fidèles qu'on y rencontre chaque fois.

Barret-Lavedan ne cesse de gémir et de craindre que le Temple, autrefois si prospère, ne croule sur ses bases. Au début de l'an XII, il renouvelle ses doléances (2).

Brusquement, on apprend que Bonaparte est favorable à la maçonnerie, que sa famille et les généraux qui l'entourent en font partie. Alors, un afflux de sang vient ranimer la loge anémiée. La foule est moutonnière. La Sincérité voit ses correspondances devenir plus nombreuses et s'étendre sur des Orients éloignés; ses rapports avec le Grand Orient, plus étroits et plus suivis; les visiteurs, accourir en nombre; des

---

(1) *Mss,*
(2) *Mss,*

profanes, demander en masse leur initiation. Elle peut constater alors qu'elle n'a point choisi une vaine devise le 16 messidor an VI, quand, sur le rapport de Lacoste, elle décida de faire placer sur toutes ses pièces d'architecture trois mots latins : *Æterno fœdere juncti*, promesse de fidélité et affirmation d'immortalité (1). Les ouvriers abondent à l'atelier. Vingt-cinq, trente, voire même 42 le 5 messidor an XIII, assistent aux loges ordinaires (2). Orateurs et vénérables se congratulent alors et se félicitent des progrès qu'a faits la Sincérité sous la poussée des événements. Hélas ! toute médaille a son revers. Au dire de Rivière, orateur quelque peu puritain, si les loges étaient suivies, c'était parfois avec beaucoup trop de légèreté ! Ainsi va le monde. La quantité nuit à la qualité (3).

----

(1) *Mss*, p. 7.
(2) *Mss*, pp. 154, 158, 221, 232, 240, 242-43.
(3) *Mss*, p. 244.

CHAPITRE VIII

Les ff∴ visiteurs. — La loge reçoit : elle tuile les visiteurs — Le mot de
semestre. — Elle fait à son tour quelques visites.

Le but de l'Association maçonnique étant de resserrer parmi les hommes les liens de la fraternité, les membres des divers ateliers se visitaient fréquemment. Tout maçon de passage à l'Orient d'Agen pouvait être admis aux honneurs de la loge. Quand il demandait l'entrée du Temple, le visiteur était *tuilé* par des examinateurs, à qui il prouvait sa qualité de frère par les *signes, paroles* et *attouchements* réglementaires; il leur montrait son diplôme ou lettre de passe, délivré par une loge régulière; sa signature était confrontée avec celle du diplôme. A défaut de lettre de passe, il pouvait être admis si quelque membre de la Sincérité attestait qu'il avait déjà *travaillé* en loge avec lui. L'atelier le recevait alors avec les honneurs maçonniques dûs à son grade dans l'Ordre (1).

« On est venu annoncer à la T[rès] R[espectable] L[oge], dit un procès-verbal du 6 messidor an VI, que les ff∴ Durand fils, de l'orient d'Agen, et Passet, de Tonneins, étaient sur le parvis du Temple et qu'ils en demandaient l'entrée. La R. L∴ a député trois commissaires vers ces ff∴ pour s'assurer de leur légitimité et de leurs titres. La R. L∴ s'est convaincue que le f∴ Durand a été initié aux mystères de la maçonnerie à la L∴ des *Amis fidèles* de l'orient de Montpellier, constituée par le Grand Orient de France. Elle s'est convaincue aussi que le f∴ Passet avait été initié à la R. L∴ de la *Fidélité,* de Bordeaux, constituée par le Grand Orient de France. Ces ff∴, après avoir donné leur signature qui s'est trouvée conforme à celle apposée à leurs diplômes, ont été introduits dans le Temple »…. (2).

« La R. L∴ a appris que les T. C. F. F∴ Carrié, Dutrouilh oncle et Andrieu, membres reconnus de la R. L∴ de l'*Union* et de la *Sincérité* de l'orient d'Agen, demandaient l'entrée du Temple. Ils

____

(1) Sur les visiteurs, voir notamment *Mss*, pp. 157, 142-143.
(2) *Mss*, p. 2.

ont été introduits avec les honneurs d'usage. Le vénérable a ordonné un applaudissement pour témoigner à nos CC. FF∴ visiteurs la joye que la R. L∴ éprouve de la faveur qu'ils lui ont faite de la visiter. Le f∴ Durand, au nom des visiteurs, témoigne dans un discours plein de sensibilité, la reconnaissance que leur inspire l'accueil favorable qui leur a été fait et ils l'expriment tous par les applaudissements maçonniques » (1).

Plus tard, après l'affiliation de la *Sincérité* au Grand Orient de France, le visiteur devra donner le *mot de semestre* que doit connaître tout maçon travaillant régulièrement dans un atelier de l'obédience de Paris (2).

La Loge d'Agen ne manquait pas de profiter des visites qu'elle recevait. Le frère étranger donnait des nouvelles de son Orient et coupait ainsi la monotonie des séances ordinaires où trop souvent on s'ennuyait. Tour à tour, vinrent la visiter des maçons qui se firent affilier et devinrent ainsi membres de la *Sincérité :* Paquin, Descressonnières, Boussion (3); d'autres, que les obligations de la vie avaient éloignés d'Agen et qui vinrent éclairer leur foi maçonnique à la lumière de leur ancien atelier, comme Mouillac, retiré à Moissac et fondateur d'une école de dessin qui eut dans Agen son heure de prospérité pendant la Révolution (4).

Naturellement, les visiteurs les plus nombreux et les plus fidèles, c'étaient les maçons lot-et-garonnais; ceux de la *Parfaite Fraternité* qui venait de renaître de ses cendres dans Agen même; Saint-Geniès, sous-préfet de Villeneuve, qui s'était fait initier aux *Vrais Amis* de Castillonnès (5); Villeneuve-Bargemont, alors sous-préfet de Nérac, plus tard l'un des plus grands préfets qui aient administré le département. Villeneuve-Bargemont avait eu l'entrée du Temple sur la recommandation de Pascalis, le secrétaire du préfet Pieyre.

---

(1) *Mss*, p. 2.

(2) *Mss*, p. 210.

(3) *Mss*, pp. 2, 124, 135, 11, 37.

(4) *Mss*, pp. 17, 29.

(5) *Mss*, p. 273. A signaler que d'Auzac fit entendre une protestation, affirmant que cette visite s'était faite contrairement aux règlements maçonniques.

Il aimait à venir à la *Sincérité* — où se trouvait déjà une partie de la préfecture — chaque fois que les affaires administratives l'appelaient à Agen. Pascalis présenta enfin le diplôme de son filleul, le 17 ventôse an XII, pour que la loge y posât son visa. La délibération de l'atelier constate que le frère, sous-préfet de Nérac, avait eu « l'entrée du Temple sans être pourvu de son diplôme, mais après avoir été tuilé et sur la parole de maçon qu'avait donnée le f.·. Pascalis qu'il l'avait vu ». Villeneuve-Bargemont était alors membre du *Triomphe de l'Amitié* à l'Orient de Draguignan. Pour remercier la *Sincérité* de l'avoir accueilli, il lui fit envoyer en communication par Pascalis un petit livre d'architecture maçonnique dont Barret-Lavedan se chargea de faire un résumé à l'usage des frères d'Agen (1).

Citons encore, parmi les visiteurs, Martin, Vacquié, Garreau, Carrère, de l'Orient de Roquecor, qui faisait alors partie du Lot-et-Garonne; des maçons de la *Française-Ecossaise*, de l'*Amitié*, de l'*Anglaise* et de l'*Etoile flamboyante*, constituées à Bordeaux, la dernière en 1781 (2). De Toulouse on venait aussi des *Cœurs réunis* et des *Vrais Amis réunis*, deux ateliers reconnus la même année que la *Sincérité*, en 1774. Brachet et Lacaze, d'Astaffort, appartenaient au dernier; Agen les eut comme visiteurs, ainsi que les deux frères Goux, du Passage-d'Agen, membres de la vieille loge *Saint-André des Arts*. La *Sagesse*, qui datait officiellement de 1757, et l'*Encyclopédique*, de 1787, du même Orient, furent également représentées aux séances de l'atelier (3).

Du Gers, citons Ladrix, de l'Orient d'Auch, et des membres de la loge *Saint-Jean des Arts* et de *La Parfaite Amitié*, de Condom, fondée en 1786, parmi lesquels Mélet de Béraud (4). Au hasard, maintenant, nous relevons les noms, parmi les visiteurs, de représentants de la *Parfaite Union* et des *Amis Réunis*, de Montpellier, qui dataient de 1782; de l'*Union*, un vieil

---

(1) *Mss*, pp. 125 et 127.
(2) *Mss*, pp. 37, 62, 206, 259, 260, 198.
(3) *Mss*, pp. 202, 27, 209, 275, 151, 109.
(4) *Mss*, pp. 19, 234, 43, 233.

atelier perpignanais de 1758; de la *Cordialité*, créée en 1778 à Villefranche d'Aveyron (1).

Peu de visiteurs venus de Paris où les loges abondaient : Cartier, officier du Grand Orient, dont nous parlerons plus loin; Capelle, de l'*Epi d'Or*, tout récent puisqu'il était éclos en 1803; Polidor Balzac, de *Mars et Thémis*, de 1784; Niels Hoffman Bang, étranger de marque, du *Centre des Amis* (1789), qui se présenta à *La Sincérité* sans être parfaitement en règle, le 30 floréal an VII, mais qui dut à la recommandation du f∴ Lacépède d'être accueilli à bras ouverts (2).

Pour terminer encore quelques noms relevés çà et là dans les délibérations de la *Sincérité :* Joseph Marthe, officier d'infanterie, de *Saint-Louis des Amis Réunis*, à l'Orient de Calais (1784); Sautereau, officier de gendarmerie, membre de la Légion d'honneur, comme on disait alors, qui avait vu la lumière à *Saint-Louis* de la Martinique; le général Ducomet, des *Enfants de Mars* à La Haye, plus tard affilié à la loge d'Agen; le général Miquel, de l'*Espérance*, de Berne, fondée en 1803, sans compter Langlois, des *Amis de la Gloire et des Arts* à l'Orient du 3e régiment d'infanterie légère, atelier créé en 1801, qui eut comme vénérable d'honneur le maréchal Macdonald (3).

D'autres visiteurs passaient encore; nous en parlerons plus loin. C'étaient des ff∴ qui venaient bien demander l'entrée du Temple, mais surtout pour faire appel à la générosité de leurs hôtes. Profiteurs de l'Ordre, souffrants plus ou moins « d'impécuniosité », ils faisaient le geste... de détresse financière et, sans murmurer, sans discuter, très élégamment, la *Sincérité* leur ouvrait ses portes toutes larges et sa bourse... avec discrétion. Mais la façon de donner vaut mieux que ce qu'on donne ! Ceux-là même qui n'étaient pas en règle obtenaient de la bienfaisance de leurs frères d'Agen le viatique qui leur permettait de poursuivre leur chemin; le Temple seul leur

---

(1) *Mss*, pp. 276, 135, 198, 109, 166, 213.
(2) *Mss*, pp. 213, 41, 192.
(3) *Mss.*, pp. 231, 262, 118, 243, 124.

était interdit. Il l'était d'ailleurs à tout visiteur qui ne pouvait prouver sa qualité de maçon aux examinateurs qui le *tuilaient*. Un agenais, Crespy-Goulard en fit l'expérience le 3 nivôse an VII. Membre de *La Française d'Aquitaine* à l'Orient de Bordeaux, muni d'un diplôme de cet atelier, il ne fut pas admis aux travaux de la *Paix-Sincérité* sous le prétexte fallacieux qu'il n'appartenait pas à une loge reconnue par le Grand-Orient. L'argument était d'autant moins sérieux qu'à ce compte, tous les ff∴ d'Agen auraient dû trouver portes closes partout, leur loge n'ayant été régulièrement affiliée au Grand Orient qu'en l'an XI (1). Un autre étranger, Boutaud, de la loge *Saint-Jean des Arts*, d'Auch, fut, en l'an XIII, reconduit poliment pour le même motif et parce qu'il ne possédait pas le *mot de semestre* (2). Mais on lui fit mille excuses. Les règlements étaient sévères; l'atelier devait les appliquer strictement. Les temps n'étaient plus où l'on recevait un maçon hollandais sur la recommandation de Lacépède, le f∴ Hoffman Bang, ou encore le f∴ Piset, dit Desjardins, muni d'un diplôme de formes irrégulières et anormales, mais qui, tuilé par trois commissaires, avait donné les paroles et les attouchements maçonniques (an VII) (3).

Les membres de la *Paix-Sincérité* visitaient eux aussi les loges des Orients où les appelaient leurs affaires ou leurs plaisirs. Ils se munissaient, avant de partir, du diplôme ou de la lettre de passe réglementaire que l'atelier leur accordait moyennant une légère rétribution de trois livres 12 sols et, plus tard, de 4 livres 13 sols, et qu'ils remettaient à leur retour (4).

Quand le mot de semestre envoyé par le Grand Orient fut de rigueur, ils n'eurent garde de l'oublier. Chaque frère allait, en loge ouverte, au pied du trône du vénérable qui le lui sussurait à l'oreille. C'était le *Sésame* des ateliers maçonniques.

-----

(1) *Mss*, p. 26.
(2) *Mss*. p. 210.
(3) *Mss*, pp. 142, 143, 40, 41.
(4) *Ms*, pp. 7, 18 et *passim*. Les 12 et 13 sols de la lettre étaient réservés aux pauvres. Voir aussi les *Comptes*.

Si nous en jugeons par les procès-verbaux, les membres de *La Paix-Sincérité* n'avaient guère l'humeur voyageuse et peu d'entre eux s'astreignaient à saluer leurs frères au cours de leurs déplacements dans les Orients étrangers. En l'an VII, c'est Lacuée qui rend compte de l'accueil bienveillant à lui fait par *La Sagesse* et *Saint-Joseph des Arts* de Toulouse (1); c'est Darribeau qui visite les *Cœurs Réunis* de la même ville (2); c'est Lacoste qui pénètre encore dans le temple de *La Sagesse* (3). La même année, en l'an VIII et en l'an IX, c'est Barret-Lavedan (4) qui fait une tournée maçonnique à Bordeaux, et surtout Lamouroux père et fils, que leurs intérêts appellent en Gironde et qui sont chargés, véritables missionnaires, d'aller visiter *L'Amitié* et les autres Respectables Loges de cet Orient, d'y puiser toutes instructions et tous renseignements utiles à l'ordre dont le père Claude fera plus tard rapport à ses frères d'Agen (5). C'est enfin Bert, payeur général qui fait à Paris une enquête sur le Grand Orient (6).

(1) *Mss*, p. 18.
(2) *Mss*, p. 19.
(3) *Mss*, p. 56.
(4) *Mss*, p. 71.
(5) *Mss*, pp. 61 et 19.
(6) *Mss*, pp. 62, 63.

CHAPITRE IX

Les loges de correspondance. — La loge sœur : La Parfaite Fraternité d'Agen

Pour resserrer « les liens d'amitié et d'union qui doivent exister entre les sectateurs de la maçonnerie », pour « alimenter les séances et donner une activité nouvelle à nos travaux, affirment des ff.·. de la *Sincérité*, au cours d'une discussion du 9 messidor an XII, il n'est rien de tel que de nouer des relations épistolaires avec tous les ateliers réguliers (1). Et il est de fait que la correspondance maçonnique ne pouvait que parfaire l'œuvre des ff.·. visiteurs.

Dès sa réorganisation en l'an VI, la *Paix-Sincérité* décide de correspondre avec l'*Amitié* de Bordeaux et avec toutes les loges qui lui avaient envoyé des *planches* (lettres). Exception est faite pour Baltimore, « à cause du peu de relations qui existent actuellement entre la République française et l'Amérique septentrionale » (2).

En l'an VII, le commerce épistolaire — de l'*Amitié*, à laquelle on écrivait en adressant ses planches à Monreny, négociant, rue Métivier — s'étend à deux autres loges de l'Orient bordelais : l'*Unité* et l'*Essence de la Paix* (3). On s'abouche aussi avec *La Sagesse; Saint-Joseph des Arts* et les *Cœurs Réunis*, de Toulouse et, pour plus de sécurité, on décide, le 10 floréal an VIII, de « s'informer s'il existe un point central de M.·. en France et quelles sont les loges régulières avec lesquelles celle de la *Paix-Sincérité* peut correspondre » (4).

Mais, durant quelques années, la correspondance fut très réduite. Barret-Lavedan constatait le 13 prairial an IX qu'il en était de même à Bordeaux. On l'y « avait instruit que des

---

(1) *Mss*, p. 161.
(2) *Mss*, pp. 5 et 7.
(3) *Mss*, pp. 22, 31, 32, 54.
(4) *Mss*, pp. 21, 23, 38.

motifs de prudence politique empêchaient d'entretenir des correspondances éloignées » (1). En l'an X, un peu plus d'activité. Philadelphie salue l'Orient d'Agen. L'*Aménité* de cette cité, en relations avec Raymond Noubel, envoie, avec une lettre et un tableau d'architecture, un rapport sur le frère Jefferson (2), ce président des Etats-Unis, qu'un voyage en terre française avait illuminé et à qui on attribue la fameuse parole : « Tout homme a deux patries, la sienne et la France ».

A partir de l'an XI les relations épistolaires avec les ateliers voisins deviennent plus étroites et plus fréquentes. Agen entre en rapports avec la *Française d'Aquitaine* constituée à Bordeaux en 1781 (3). En l'an XII, elle décide de correspondre avec la *Cordialité* fondée en 1778, à Villefranche d'Aveyron (4). Enfin le 30 messidor, après une longue discussion, on dresse le tableau des loges avec qui se poursuivront, dans la limite des règlements, les conversations maçonniques et on ajoute à celles que nous avons indiquées :

Bordeaux : *La Française Ecossaise*, qui fonctionne depuis 1740.

Bayonne : *La Zélée* (1770).

Brest : *Les Elus de Sully* (1783).

Cahors : *La Parfaite Union* (1755).

Lille : *La Modeste* (1783).

Lyon : *La Parfaite Harmonie* (1781).

Marseille : *La Triple Union* (1782).

Moissac : *La Parfaite Union* (1783).

Montauban : *La Parfaite Union* (1787).

Montpellier : *Les Amis Fidèles* (1764).

Nantes : *L'Harmonie* (1781).

Paris : *Mars et Thémis*, dont le vénérable Moulon-Lachesnaye était très connu des frères d'Agen.

---

(1) *Ms*, p. 71.
(2) *Mss*, pp. 78, 84, 86.
(3) *Mss*, p. 103.
(4) *Mss*, p. 114.

Périgueux : *L'Anglaise de l'Amitié* (1774).
Strasbourg : *La Commode* (1).

Et, pour éviter toutes indiscrétions ou pertes de *planches*, on décide, le 12 fructidor, que la correspondance ne sera plus adressée à Barret-Lavedan, mais à un personnage fictif *Monsieur Tiercenis, chez M. Faucon* (alors trésorier). *Tiercenis*, c'est l'anagramme de *Sincérité*. Un usage courant voulait qu'on en usât ainsi pour la correspondance maçonnique. A la *Parfaite Fraternité* d'Agen, c'était *M. Eterfranit* qui recevait les lettres, encore, un anagramme enfantin, qui n'échappait pas aux services des postes (2) !

En l'an XIII et en l'an XIV, on ajoute à ces loges, toutes antérieures à la Révolution :

La Double Union, de Toulon (1761).

La Saint-Napoléon, de Paris, de fondation toute récente.

Le Secret des Trois Rois, de Cologne (1775).

Saint-Jean des Arts, d'Auch, que la Saint-Jean La Française de Toulouse avait fondée le 15 juin 1746.

Les vrais frères maçons réunis, créée en 1804 à Castelnau-de-Magnoac (Hautes-Pyrénées), où l'un des fils Menne avait été reçu le jour de la grande fête de l'Ordre.

Le Temple des Muses, de Paris (1804).

La Parfaite Egalité, de Mézin (1785) (3).

C'était, non pas les secrétaires, mais un frère, désigné par l'atelier, qui était chargé de répondre aux correspondants ou d'engager les conversations épistolaires (4).

Très réduite au début, la correspondance s'était tellement étendue que le port des lettres atteignit, pour l'an XIII, 118 francs et 15 sous.

Le 16 thermidor an XIII, la *Sincérité*, après une longue discussion décida de ne plus affranchir désormais (5) :

---

(1) *Mss*, pp. 165 bis, 161, 174.
(2) *Mss*, p. 177 et Bord, *op cit*, p. 276.
(3) *Mss*, pp. 200, 209, 237, 219, 249, 265, 258.
(4) *Mss*, pp. 5, 7, 22, etc...
(5) *Mss*, pp. 247 et 255.

« Un f∴ met sous le maillet, dit le procès-verbal, la question
de savoir si la L∴ affranchira à l'avenir les Pl∴ et Tableaux pério-
diques qu'elle envoie à ses ateliers correspondants et qu'elle n'a
point encore adressés en ce qu'on a reconnu l'abus de cet affran-
ch∴, car, d'un côté, il entraînait la L∴ dans des dépenses consi-
dérables et de l'autre, elle ne recevait aucune réponse, parce que
notre pl∴ contenait la prière aux attel∴ corresp∴ d'affranchir
aussi les leurs, ce qu'ils ne jugeaient point convenable de faire.

« La discussion a lieu ; chaque f∴ donne son avis et la L∴
délibère qu'elle révoque pour l'avenir l'usage d'affranchir les
tableaux dénommés ci-dessus. Elle ordonne aussi que le post-
scriptum imprimé à la fin de la pl∴ de cette année qui priait les
LL∴ de vouloir bien, à leur tour, affranchir les paquets qu'elles
nous enverraient, sera biffé ou couvert, de manière à n'être point
aperçu. »

Mais il était à l'Orient d'Agen une autre loge avec qui la
Sincérité entretint vite les rapports les plus étroits et les plus
cordiaux : *La Parfaite Fraternité* qui, après un long sommeil,
avait repris ses travaux en l'an XII, à l'heure de la résurrection maçonnique française. Un beau jour, le 3 ventôse an XII,
trois membres de cet atelier, les ff∴ Drouilhet, Baget et
Fiancette, demandèrent l'entrée du Temple de *La Sincérité*,
qui accueillit avec joie ces nouveaux visiteurs. Des mots ai-
mables furent échangés avec toute l'émotion et la « sensibilité » possibles. Les relations étaient nouées (1).

Elles devinrent officielles le 13 floréal an XII (1804). Ce
jour-là, on annonça que, sur le parvis du Temple de la *Sincérité*, se tenait une députation de la *Parfaite Fraternité*. Saubès, Pascalis et Claude Lamouroux furent chargés d'aller
« tuiler » ces visiteurs. La délégation comprenait 7 membres,
vénérable en tête. Neuf frères allèrent au devant d'elle; glaives en mains, les membres de la *Sincérité* firent à leurs frères
de l'Orient d'Agen les honneurs de la voûte d'acier. Congra-
tulations, planches, tableaux d'architecture, harangues savan-
tes ou sensibles simplement des vénérables et de l'orateur,
triples vivats, accolade fraternelle donnée par Barret-Lavedan

---

(1) *Ms*, p. 124.

à chacun des sept délégués, rien n'y manqua ! On échangea des protestations touchantes d'amitié; les jours furent donnés et la *Sincérité*, après le départ solennel des visiteurs et pour ne pas demeurer en reste avec eux, décida d'envoyer le dimanche suivant une députation de neuf membres, dignitaires en tête, rendre à la *Parfaite Fraternité* sa politesse maçonnique et lui remettre, avec sa délibération, la *planche* suivante que nous reproduisons in-extenso, comme spécimen du style de l'époque (1) :

Æterno fœdere juncti.

A l'orient d'Agen, et.·.

Le 6.·. jour du 3ᵉ.·. mois de l'an de la V.·. l..·. 5804.

A la gloire du G.·. O.·. de France et sous les auspices du G.·. A.·. de l'Univers.·.

La L.·. de *la Sincérité* d'Agen à la T.·. R··. Loge de *la Parfaite Fraternité*, même Or.·.

T.·. T.·. CC.·. FF.·.

C'est dans la joie la plus sincère de nos cœurs que nous avons reçu, par la députation honorable dont vous nous avez favorisés, votre planche et ensemble l'extrait de vos livres d'architecture. Nous n'avons cru pouvoir répondre d'une manière plus expressive aux sentimens de fraternité qui depuis longtemps nous animaient et dont votre démarche a occasionné l'expansion qu'en envoyant auprès de vous neuf de nos ff.·. chargés de vous remettre la délibération de la loge relative à cette visite. Vous reconnaîtrez tant dans l'esprit de cette délibération que dans ce que vous diront nos chers frères le plaisir que la loge éprouve en cimentant, d'une manière spéciale, l'union qui doit exister entre toutes les loges régulières, mais qui doit être plus immédiat et plus intime entre deux loges du même orient.

T.·. C.·. F.·., nous ne négligerons rien pour entretenir cette union et nous espérons, par l'heureuse harmonie que nous établirons de concert, la rendre inaltérable.

C'est dans ces sentiments que nous sommes, etc......

Désormais, l'union était scellée. Quelques jours après, le 20 floréal, la *Sincérité* délibéra que « lorsqu'un profane se présentera pour être reçu à l'une des deux loges en qualité de

---

(1) *Ms*, pp. 138-140.

maçon, la loge où se présentera le profane, avant de procéder à son ballottage, sera tenue d'envoyer à l'autre des députés pour lui faire part de la demande du candidat afin de savoir d'elle s'il n'a pas déjà été présenté, agréé ou refusé à l'autre loge, afin qu'en cas qu'il s'y fût présenté et qu'il y eût été refusé, il ne puisse être admis dans la loge proposante. Et de même s'il y avait été déjà agréé pour être reçu, il ne pourra être admis dans la dernière loge où il se sera fait proposer que du consentement exprès de celle où il se sera auparavant présenté et il en sera de même pour l'affiliation pour tous les maçons qui la demanderont à l'une ou à l'autre loge » (1).

Et, depuis lors, il en fut toujours ainsi. Trois frères allèrent aux renseignements à chaque nouvelle candidature. Les visites et la correspondance se multiplièrent, et, malgré la différence de milieu social où les deux ateliers se recrutaient, — *La Sincérité*, plus aristocratique et administrative que *La Parfaite Fraternité* - les relations devinrent si cordiales qu'à chaque banquet des délégués s'échangeaient, reçus avec les honneurs maçonniques. Les deux loges formèrent même le projet de célébrer ensemble, en l'an XII, la fête rituelle de l'Ordre par le traditionnel banquet de la Saint-Jean d'été, où tous les frères de l'Orient d'Agen eussent été conviés. Mais aucun des deux ateliers n'était assez vaste pour abriter tout ce monde de dîneurs d'appétit et d'obligation ! Il fallut se contenter de députations (2). S'ils ne purent *travailler* ensemble en loge de table, nous savons du moins que, très gracieusement, la *Parfaite Fraternité* offrit asile à la *Sincérité* lorsque celle-ci dut quitter le Refuge pour aller s'installer au couvent de Paulin. Et l'hospitalité qu'elle donna à la loge-sœur dura quelques mois, le temps d'adapter l'immeuble du frère Pierre Lauzun à son usage maçonnique (3) et de lui donner une décoration appropriée.

(1) *Ms*, p. 141.
(2) *Ms*, pp. 151. 247, 202.
(3) Voir, plus haut, chapitre IV.

CHAPITRE X

La Loge d'Agen et le Grand Orient de France. — Rapports avec Paris. — Députés de la loge *Paix-Sincérité* au G∴ O∴ — Elle veut devenir loge de Chapitre. — Son rôle régulateur dans le département. — Affaires Long et Drouillet. — Constitution des *Vrais Amis* de Castillonnès.

Nous avons dit qu'à sa réorganisation, en 1797, après un sommeil de plusieurs années, la Loge d'Agen vécut indépendante sur les Constitutions ou règlements autrefois accordés à la *Parfaite Union* et à *La Sincérité*, à qui elle avait succédé. Dans le désarroi où la Révolution avait laissé le monde maçonnique, elle s'inquiéta peu, au début, de connaître les régulateurs de l'ordre et de prendre parti pour les grandes loges qui, à Paris, se disputaient âprement la suprématie. Mais l'heure sonna vite où, anémiée, désorientée, menacée de perdre le Nord après avoir perdu l'Orient, elle éprouva le besoin de chercher ce que ses procès-verbaux appellent « *le point maçonnique* ». Où donc était-il pour éclairer un Temple obscur et pour ranimer un atelier sur lequel déferlait une vague de tristesse et d'apathie ? (1)

De retour d'un voyage à Paris, le payeur général Bert, sur les instances de Lamarque, qui venait d'être nommé sous-préfet de Marmande, fit, le 13 floréal an VIII (3 mai 1800), un compte-rendu très remarqué des observations qu'il avait recueillies dans la capitale sur la franc-maçonnerie, notamment à la loge de *La Trinité*. Il n'y a plus qu'un *Grand Orient*, affirmait-il, et, à l'appui de son dire, il déposait sur le trône du vénérable un cahier des procès-verbaux dressés lors de la réunion, en 1799, des deux grandes loges qui se disputaient à Paris l'empire maçonnique, L'union est faite, disait-il ! L'atelier ne le crut pas sur parole, sans mettre en doute sa bonne foi. Une commission fut nommée où siégèrent, avec Bert,

___

(1) *Mss*, pp. 64, 68, etc....

deux pilliers du Temple, Barret et Leyniac, et où furent étudiées les pièces rapportées par le payeur général. On les jugea insuffisantes; on objecta le danger de se jeter ainsi tout de go dans les bras d'un Grand Orient qu'on connaissait mal et qui ne fournirait peut-être qu'une lumière de qualité inférieure à un atelier qui en avait tant besoin. Il fut cependant « délibéré pour la première fois qu'il serait écrit au Grand Orient de France, aux loges de correspondance des orients de Toulouse et de Bordeaux pour obtenir les éclaircissements propres à diriger la marche de la Loge » et à faire cesser ses incertitudes. Deux fois de suite, cette décision fut maintenue et devint ainsi exécutoire (1).

Il fut vite reconnu que Bert n'avait point parlé à la légère. La vieille rivalité qui, longtemps, divisa les deux corps maçonniques avait heureusement expiré en 1799 « aux pieds de l'autel de la Fraternité ». Il n'y avait plus qu'un Grand Orient. Et c'est à lui que l'atelier décida de faire appel pour empêcher le Temple de s'écrouler et pour vivifier une loge que le sommeil maçonnique gagnait tous les jours, malgré tous les palliatifs employés, correspondances, visites, instructions réclamées aux frères avec prière de communiquer leurs talents maçonniques. Le 10 frimaire an IX, on délibéra d'ouvrir une correspondance suivie avec le Grand-Orient. Lacoste, alors orateur, fut chargé de la *planche à tracer*. Sa première rédaction ne plut pas; on le pria de recommencer. La seconde fut jugée parfaite. « La L.·., dit le procès-verbal, a vu son objet rempli avec ce goût, cette éloquence maçonnique familière au cher f.·. rédacteur et n'a pas balancé à délibérer l'envoi de ladite planche » (20 frimaire an IX) (2).

C'était un premier pas vers l'affiliation. Cinq mois se passèrent avant qu'on fît le second. Il fallut l'arrivée à l'orient d'Agen, en prairial an IX, d'un dignitaire de l'ordre, le frère Cartier, pour amener une solution. Cartier était chargé de visiter les Loges au cours de ses voyages et de les engager à

---

(1) *Mss*, pp. 62, 63, 65.
(2) *Mss*, pp. 68, 69.

correspondre avec le Grand Orient « pour régulariser les travaux et resserrer les liens de fraternité qui unissent tous les maçons ». Dès qu'il fut avisé de sa présence dans Agen, Barret-Lavedan, très enthousiaste, s'agita pour que la *Paix-Sincérité* lui envoyât une députation chargée de l'inviter à la loge et au banquet qui devaient se tenir deux jours après. L'atelier, pour une fois, repoussa cette proposition de Barret qui favorisait un maçon puisqu'elle tendait à le dispenser des formalités imposées aux visiteurs. Il n'avait qu'à se présenter comme les autres. Il vint, il fut *tuilé* et il vainquit toutes les les résistances puisque, le 15 prairial, l'affiliation avec le Grand Orient fut votée à l'unanimité et au milieu des plus vifs applaudissements (1).

Cinq jours après, l'atelier désignait comme son représentant à Paris le frère Georges Thurminger, demeurant rue Basse du Rempart Saint-Denis, qui se chargea de poursuivre l'affaire à Paris avec toute l'énergie dont il était capable (2). Mais tout n'alla pas au gré de l'atelier. Les négociations traînèrent en longeur, malgré l'intervention de quelques maçons agenais de passage à Paris, malgré les efforts d'un frère Dupin, originaire d'Agen et habitant l'orient parisien (3).

Thurminger mourut le 20 frimaire an X. Après avoir exprimé son chagrin le 20 nivôse « par les signes et batteries d'usage et adressé au grand architecte de l'univers des vœux ardens en faveur du défunt (4), la Loge fit appel à son frère le 3 thermidor an X, puis à un avocat, officier du Grand Orient, le f∴ Defoissy, qui fut plus tard président de la Grande Loge d'administration (5). Et les choses allèrent alors de mal en pis. D'un côté ,le Grand Orient, s'en tenant à cette formule qu'à loge nouvelle il fallait règlements nouveaux et invitant la *Paix* à prendre de nouvelles constitutions. De l'autre, un atelier, bien résolu à vivre sur les règlements des loges auxquelles il

____

(1) *Mss*, pp. 71, 72.
(2) *Mss*, pp. 73, 76.
(3) *Mss*, p. 78.
(4) *Mss*, p. 80.
(5) *Mss*, pp. 85, 89.

avait succédé en l'an VII, sans grande tendresse pour les régulateurs de l'ordre et pour qui l'affiliation était une nécessité
dont il se serait volontiers passé. Enfin, faisant la navette
entre les deux parties et essayant d'amener un accord entre
elles, Defoissy, négligent, ne répondant aux lettres qu'avec
de longs retards et très absorbé par ses occupations profanes (1). Une solution, aussi élégante que simple, mit fin au
conflit, après plus de deux ans de pourparlers et de tergiversations : le 5 messidor an XI, la Loge abandonna *le titre distinctif* de la *Paix* sous lequel, en l'an VII, elle s'était reconstituée,
et reprit, avec celui de la *Sincérité*, les constitutions qu'elle
avait reçues en 1774. Et le tour fut joué ! Ceux-là même qui
l'inspirèrent durent s'étonner de ne pas y avoir songé plus tôt.
La nouvelle *Sincérité* fut donc affiliée au Grand-Orient avec
ses vieux règlements et sans rien payer comme droit d'entrée
dans la grande famille maçonnique (2). Le 19 thermidor an XI,
Barret-Lavedan annonça, au bruit des plus vifs applaudissements, qu'elle venait de recevoir son titre d'agrégation avec
le *mot de semestre* qui constituait les loges régulières (3).
Pour reconnaître cette faveur, on porta à 40 francs la rétribution annuelle due au Gr∴ O∴, modifiant ainsi une décision
prise au cours des pourparlers, le 18 brumaire an X, où elle
avait été fixée à 24 francs seulement (4).

Ainsi se nouèrent avec Paris des rapports qui, au début du
moins, ne furent pas heureux. Defoissy continua à donner de
nombreuses preuves de négligence. Quelle ne fut pas la surprise de la nouvelle *Sincérité* quand elle reçut, le 26 germinal
an XII, l'*Almanach* du Grand-Orient que le f∴ Fustier, vénérable du *Point Parfait*, lui avait annoncé dès ventôse ! Elle
était classée au deuxième rang des loges de l'orient d'Agen,
après la *Parfaite Fraternité*, moins ancienne cependant et
dont le sommeil avait duré plus longtemps ! Protestation officielle fut faite par Lamouroux au nom de tous ses frères.

---

(1) *Mss*, pp. 79, 86, 89.
(2) *Mss*, p. 92.
(3) *Mss*, p. 102.
(4) *Mss*, pp. 79 et 102.

Peine inutile (1). Si, par intermittences, Agen entendait la voix de Paris, qui pour les maçons équivalait à la *voix de Rome* pour les catholiques, Paris faisait la sourde oreille aux réclamations d'Agen. On crut bien faire en destituant Defoissy, le 16 thermidor an XII, et en le remplaçant par ce vénérable du *Point Parfait* qui s'était intéressé à la *Sincérité* quelque temps avant, mais on ne fit que compliquer l'affaire. Fustier déclina les offres flatteuses d'Agen par sympathie pour le député révoqué, victime, disait-il, d'un homonymat avec un autre officier du Grand Orient. Alors on se retourna vers Defoissy, qui refusa net. Nouvel appel à Fustier qui, cette fois, s'empressa d'accepter ! (2). Les rapports avec le Grand Orient se resserrèrent alors sous son impulsion et devinrent très fréquents. Ce ne furent pas seulement des *planches*, des tableaux d'architecture, des almanachs maçonniques que reçut le pseudo M. Tiercenis, l'hôte invisible du f∴ Faucon. Il arriva parfois au f∴ Fustier, qui tenait un commerce, rue Jean-Jacques Rousseau, de joindre à ses envois, comme en 1804, des prospectus commerciaux (3). Faire ainsi d'une pierre deux coups, n'est-ce point pour un maçon le comble de l'art ?

Rendons cette justice au frère Fustier qu'il fut un député actif et clairvoyant. Les procès-verbaux l'attestent; c'est ainsi, par exemple, qu'ils le montrent tenant soigneusement la loge d'Agen au courant des évènements qui agitaient l'Ordre, comme en 1804, au moment de la réunion de la Grande loge écossaise au Grand Orient. Au milieu des plus tendres et des plus rituelles protestations de fraternité, il exprimait la crainte que ce bel accord ne subsistât pas longtemps (4). Et l'année suivante, la guerre éclatait à nouveau entre ces deux organisations rivales.

En 1804, après la transformation maçonnique qui fit de l'Ordre un instrument politique aux mains du nouvel Empe-

---

(1) *Mss*, pp. 128, 134.
(2) *Mss*, pp. 163, 170, 172, 173, 183.
(3) *Mss*, pp. 183, 211.
(4) *Mss*, p. 211.

reur, Agen réclama les *hauts grades* et la reconnaissance par
le Grand Orient de *La Sincérité* comme *loge métropolitaine*.
Et bien que l'instant fût favorable et que des Agenais illustres,
comme Lacépède, figurassent parmi les grands dignitaires,
l'atelier eût quelque peine à l'obtenir. Recommandations, démarches, interventions de toutes sortes n'avaient pas encore
abouti à la fin de 1805. Ce n'est que plus tard que satisfaction
lui fut donnée (1). Entre temps, *La Sincérité*, intimement unie
désormais au Grand Orient, contribua à lui faire reconnaître
La Parfaite Egalité, de Mézin, fondée en 1785, et les *Vrais
Amis*, de Castillonnès (2). Pour faire preuve de zèle, elle pro-
jeta même, le 25 vendémiaire de l'an XIV, de réclamer de lui
qu'il fût « défendu à toute loge de recevoir dans son sein
aucun profane étranger à son Orient, avant de s'être informée
de sa moralité auprès des ateliers existans dans le lieu de sa
résidence accoutumée, s'il en existe, ou à ceux des plus voisins s'il n'en existe point » (3).

Elle ne donna pas suite à ce projet, mais, avant même de
devenir *loge métropolitaine*, elle en joua en Lot-et-Garonne
le rôle régulateur. Les procès-verbaux en fournissent trois
exemples qu'il est bon de citer parce qu'ils montrent ce qu'é-
tait alors la vie maçonnique.

En l'an XII, on vit s'installer à Agen un maçon originaire de
Port-de-Penne, le frère Long, initié à *La Franche Amitié* de
La Ciotat. Appartenant au corps militaire de la cité, il s'in-
troduisit dans les deux loges agenaises comme visiteur. *La
Sincérité* l'avait reçu le 27 floréal et avait « applaudi à son
agréable visite ». Il n'y eut plus dès lors d'hôte plus fidèle.
Ses visites se multiplièrent jusqu'en thermidor ; le 30, quelques
ff.·., d'ordinaire si bienveillants, le signalèrent à l'atelier. Son
intempérance de langage, sa facilité à parler de *l'initiation* et
ses allures commençaient à déplaire. Etait-il maçon régulier ?
Une enquête s'imposait. On commença par lui interdire l'en-

---

(1) *Mss*, pp. 179, 210.
(2) Pour la *Parfaite Egalité* de Mézin, *Mss*, p. 226. Nous parlerons plus
loin des *Vrais Amis* de Castillonnès.
(3) *Mss*, pp. 267-68.

trée du Temple en attendant des renseignements qui arrivèrent pitoyables. *La Franche Amitié* de La Ciotat l'accablait; *La Parfaite Fraternité* l'avait expulsé. Entre temps, Long avait changé de garnison; il s'était retiré à Marmande, où il essayait de fonder une loge. *La Sincérité*, ainsi informée, n'hésita pas : le 26 germinal an XIII, elle fit avertir tous les maçons marmandais qu'ils avaient à faire à une brebis galeuse chassée de tous les ateliers de l'orient d'Agen. Long dut chercher ailleurs (1).

En l'an XIII survint un incident d'un autre genre. Un ouvrier de *La Parfaite Fraternité*, le f∴ Drouillet avait été exclu de son atelier pour avoir « tenu en loge ouverte des propos injurieux et infâmes ». Devant la manifestation de son repentir et l'aveu de ses torts, *La Sincérité* intercéda pour lui près de la loge-sœur, mais vainement. En désespoir de cause, Drouillet implora le Grand Orient qui chargea *La Sincérité* d'agir comme médiatrice. Une commission fut nommée le 24 prairial an XIII. Menne fils, Diché, Paquin, Baradat et Bory fils la composaient. *La Parfaite Fraternité* ne voulut rien entendre et l'atelier fut obligé de constater son impuissance par le procès-verbal suivant (1er messidor an XIII) :

« Dans une affaire aussi majeure et aussi délicate, la L∴ *La Sincérité* doit être entièrement impassible et ne point se départir du rôle honorable de conciliatrice qui lui a été déféré par le G∴ O∴ de France; elle doit tenir un juste milieu entre une L∴ sévèrement juste et un de ses enfans coupables, mais extrêmement repentant.

« Elle délibère en conséquence que toutes les pièces et instructions recueillies sur cette affaire seront adressées au G∴ O∴ de France avec sa présente délibération pour qu'il puisse y statuer et que notre loge lui manifestera tous ses regrets de n'avoir pas réussi à opérer la conciliation tant désirée » (2).

Elle fut plus heureuse dans une autre circonstance. Après avoir aidé de ses conseils la *Parfaite Egalité* de Mézin, elle entoura de sa sollicitude agissante « Les Vrais Amis » qu'un de

---

(1) *Mss*, pp. 142, 174-75, 188, 226.
(2) *Mss*, pp. 188, 213-14, 232, 236, 238.

ses membres, le f∴ Fontfrède, receveur de l'enregistrement à Castillonnès, venait de réunir en cet orient en l'an XIII. Elle communiqua au nouvel atelier ses constitutions, ses règlements et tous les détails propres à le faire associer à la grande famille des maçons légitimés (19 prairial). Elle se chargea de l'envoi des documents au Grand Orient, des formalités nécessaires à la reconnaissance de son filleul à qui elle procura comme député à Paris l'agenais Moulon de La Chesnaye, alors vénérable de *Mars et Thémis* (29 vendémiaire an XIV). Ses démarches furent couronnées de succès et *Les Vrais Amis*, reconnus le 26 juin 1805 (1).

---

(1) *Mss*, pp. 234, 252, 261, 267.

CHAPITRE XI

Loge d'Agen association de bienfaisance. — Secours moraux. — Secours en
nature. — Secours en espèces. — Son budget.

Les maçons, dit un de leurs thuriféraires, sont « intimement unis par les liens de l'estime, de la confiance et de l'amitié sous la dénomination de frères » (1). Resserrer ces liens de fraternité, c'est un des principaux travaux des loges maçonniques. *La Sincérité* s'y consacra avec un zèle qu'atteste la série de ses procès-verbaux. Il y règne constamment un ton de bonne compagnie, une cordialité confiante, une courtoisie bienveillante qui éclatent à travers la sécheresse des délibérations. Nous avons vu les ff.˙. s'effaroucher de la censure appliquée à quelques confrères défaillants et souffrir quand les foudres maçonniques frappaient quelques mauvais ouvriers. La sympathie réciproque qui les animait se manifestait, en dehors de l'atelier, dans toutes les manifestations de leur vie profane. S'agissait-il de malades ? Vite on leur dépêchait trois commissaires pour s'enquérir de leur état et de leurs besoins ou pour les féliciter de leur rétablissement. Quand le malade n'habitait pas l'orient d'Agen, on lui envoyait une *planche* tracée avec toute la « sensibilité » réglementaire. C'est ainsi que Barret de Lavedan, le 22 germinal an XII, fut chargé de témoigner au colonel Antoine Lacuée « toute la part que la loge a pris (*sic*) à l'accident qui lui est arrivé et toute la joie qu'elle éprouve de son rétablissement (2). »

Cette politesse affectueuse entourait tous les frères indistinctement, qu'il fût question de leurs femmes ou de leurs enfants, de leur famille, d'une naissance ou d'un décès, d'un mariage, d'un accident fâcheux les touchant dans leur personne ou dans leurs biens. Quelle joie dans l'atelier quand un maçon devient père, surtout s'il s'agit d'un lewton (3) ! On félicite

---

(1) *Instructions pour les Grades symboliques*, *op. cit.*, p. III.

(2) *Mss*, p. 133.

(3) *Mss*, pp. 228, 227, 248, 170, 193, 194, 163, 164, 226, 208, 101, 86; 35; etc...

Pommaret, Rivière, Losteau qui se marient (1). On députe à
ce dernier, le 10 pluviôse an VII, Saubès, Barsalou cadet et
Claude Lamouroux pour le féliciter « d'employer son zèle à
des travaux non moins agréés des M∴ (2). » J'aime à croire
que Lamouroux lui souhaita beaucoup d'enfants, lui qui, véritable... père Gigogne, en avait eu vingt-quatre ! Tonnelé Gimbrède perd sa femme en l'an XII; la loge pleure avec lui; il se
remarie en l'an XIII; elle lui prodigue force compliments (3).
Falagret est victime d'un incendie qui consume sa maison
en l'an VI; on pleure la maison (4). Gérard Lacuée meurt au
champ d'honneur à Gunsbourg le 17 vendémiaire an XIV; au
nom de l'atelier, le vénérable Diché envoie à la famille une
planche de condoléances émues (5). Bouglé et le général Ducomet quittent l'orient d'Agen; on les assure qu'ils laisseront
de Lien vifs regrets à leurs frères de la *Sincérité* (6).

Il était naturellement d'usage de répondre à ces attentions
fraternelles. Et chacun faisait comme Lacoste qui, félicité de
la naissance d'un enfant, répondit, le 22 messidor an VII,
« avec toute la sensibilité d'un bon père et d'un véritable maçon (7).

La loge se réunit au ci-devant Refuge, déclaraient en l'an VI
les ff∴ Gimbrède et Lacuée à la mairie d'Agen, « pour cause
de délassement et *pour exercer des actes de bienfaisance* (8). »
Mettons que tout ce que nous avons conté fût du *délassement*,
et passons aux actes de bienfaisance.

A la fin de chaque séance, le frère hospitalier faisait circu-
ler la *boîte des pauvres*. Chacun y mettait son obole. Les sommes ainsi recueillies constituaient le fonds principal du budget
de charité que l'atelier complétait comme il l'entendait, soit
en attaquant les ressources ordinaires, soit en prélevant sur

---

(1) *Mss*, pp. 121, 32, 142.
(2) *Mss*, p. 32.
(3) *Mss*, pp. 88 et 133.
(4) *Mss*, p. 9.
(5) *Mss*, p. 269.
(6) *Mss*, pp. 119 et 233.
(7) *Mss*, p. 51.
(8) *Mss*, p. 5.

les ouvriers des cotisations spéciales. Pour éviter des abus, il fut décidé très tard, le 30 messidor an XII, qu'il serait tenu un registre des secours accordés; le trésorier le communiquerait aux frères individuellement ou à la L∴ tout entière avec toute la discrétion nécessaire. Les secours n'étaient accordés « qu'aux personnes *dénommées* par les ff∴ réclamans (1). »

L'exercice de la charité ne coûtait pas cher à la *Paix-Sincérité* si l'on en juge par ses procès-verbaux. Maigres étaient les ressources dont l'atelier pouvait disposer et les ff∴, ennemis du gaspillage, faisaient montre d'une générosité vraiment...... parcimonieuse. La *boîte des pauvres* rendait peu, surtout aux heures où six ou sept frères seulement assistaient aux séances. Pendant une période où l'atelier fut plus fréquenté, en l'an XIII, quatre-vingt-neuf livres seulement furent distribuées aux familles indigentes de la Saint-Jean d'été à la Saint-Jean d'hiver, c'est-à-dire en six mois, et la *boîte des pauvres* ne fournit que 47 livres 17 sols (2). C'est vraîment peu pour une association qui se piquait de générosité. Les secours variaient entre six et douze francs. Citons parmi les bénéficiaires le profane Delbourg, officier de santé, dont l'indigence était notoire et qui bénéficia, le 20 germinal an VII, du contenu de la *boîte aux pauvres* de ce jour-là (3): Le Breton-Pardailhan, « intéressant sur le rapport des qualités anciennes dont il était décoré », à qui l'atelier octroya 12 francs (4); la dame Cazabat, veuve d'un maçon, qui obtint le 22 messidor an XIII les 12 francs «classiques» pour conduire un de ses enfants aux eaux de Barèges (5); un pauvre journalier d'Agen, Randé, qui avait besoin des eaux de Bagnères et qui témoigna à la fois de sa maladie et de sa misère par un certificat du médecin Belloc et de Champier, « ministre du culte catholique », dit le procès-verbal du 27 thermidor an XIII, qui mentionne 12 francs au compte du solliciteur (6). Même somme

---

(1) *Mss*, p. 165 *bis*.
(2) *Mss*, p. 204 et comptes de la Loge.
(3) *Mss*, p. 36.
(4) *Mss*, p. 186.
(5) *Mss*, p. 250.
(6) *Mss*, p. 256.

encore pour un artiste de Paris, un certain Duhamel, venu en représentation dans la ville où, faute de ressources, il restait en panne. « Pour venir plus particulièrement encore à son secours», les maçons présents à la séance du 7 germinal an XII s'empressèrent de prendre des billets pour assister à son spectacle (1).

Les ff∴ des autres orients obtenaient souvent davantage quand ils venaient en visiteurs réclamer le *viaticum* ou secours de route qui ne leur était jamais refusé, même quand leurs diplômes n'étaient pas en règle et qu'on leur avait interdit l'entrée du Temple. On leur donnait de 6 à 24 francs. Mais il advint que ce fut une charge trop lourde pour l'atelier. Un jour, Barret-Lavedan, alors vénérable, accorda ce maximum à un frère indigent de passage en ville; il en rendit compte à la loge le 2 fructidor an XI. On n'osa point le désavouer, quoique cette libéralité eût fait grimacer quelques frères; on l'en félicita même, mais on décida qu'à l'avenir le vénérable ne pourrait disposer que de six francs seulement; la loge consultée donnerait davantage s'il en était besoin (2). C'était prudent, car quantité de maçons plus ou moins indigents, en traversant Agen, sollicitaient l'entrée du Temple en tendant la main. Citons, au hasard, le polonais *Filhawoski*, *Claude Jubier*, de Bourgoin, des Vrais Amis Réunis de Toulouse, *Destailleurs*, de l'Aménité de Paris, le vitrier *Gautrey*, de Montpellier; *Cuinct*, de la Parfaite Union de Perpignan; *Couturier*, de l'Essence de la Paix, de Bordeaux; *Pierre Roby*, soi-disant négociant à Montauban, de la Sagesse de Toulouse, etc. (3).

Il y avait à la Saint-Jean d'Eté, en plus des secours en argent (4), grande distribution de pain aux pauvres de la ville. Cette largesse faisait partie du programme de la fête. On la renouvelait à l'occasion de certains anniversaires que la

---

(1) *Mss*, p. 132. Pour les autres secours, voir notamment pp. 25, 33, 60, 71, 137, 165 *bis*, 203.
(2) *Mss*, p. 99.
(3) *Mss*, pp. 70, 99, 124 142, 167, 185, 217, 229, 13.
(4) *Mss*, pp. 45, 67, 160.

loge avait décidé de célébrer. C'est ainsi qu'en l'an X, pour le 18 brumaire, cinq quintaux (1) de pain furent répartis entre les indigents d'Agen. Mais il était des cas où la loge se montrait plus généreuse encore. En l'an VI, le frère servant Broca obtint 100 francs pour faire réparer sa maison (2). En l'an IX. ce fut au tour du jardinier du ci-devant Refuge qui bénéficia de cinquante livres à titre de bienfaisance, dit le procès-verbal, et en considération du nombre de ses enfants et des soins qu'il donnait à la Loge (3). Le 13 pluviôse an XIII on accorda un secours immédiat de 12 livres à un ancien instituteur de l'orient d'Agen, Augey-Delaygue « plongé dans la plus profonde indigence » et on lui assura une rente mensuelle de 6 francs (4).

Mieux encore : un des membres de la loge fit un jour appel à ses frères : il lui fallait 1.000 francs pour éviter la faillite. Sans tergiverser, l'atelier décida de les lui prêter, le 23 nivôse an VII, et comme le trésorier ne les avait point en caisse, il fut convenu que chaque frère s'imposerait au moins de 20 francs. Le bénéficiaire passerait un engagement en faveur du frère Dutrouilh payable à la volonté de ce dernier. Au dos de cette lettre de change, le f∴ Dutrouilh mettrait son ordre en blanc, et la lettre serait déposée aux archives avec l'état des souscriptions recueillies. « Bien entendu, ajoute le procès-verbal, chaque f∴ pourra se présenter chez le f∴ qui demande l'emprunt pour y prendre des articles de son commerce à concurrence de la somme qu'il aura prêtée en lui faisant un bon de la somme dont il se payera » (5).

Mais c'est là un fait exceptionnel. La loge se recrutait dans la bourgeoisie, chez des magistrats, dans le monde administratif ou dans le haut commerce. Presque tous ses membres avaient une situation qui les mettait à l'abri du besoin et qui les dispensait d'avoir recours à leurs collègues Il était toute-

---

(1) *Mss*, p. 78.
(2) *Mss*, p. 7.
(3) *Mss*, p. 75.
(4) *Mss*, p. 213.
(5) *Mss*, pp. 29-30.

fois des cas où certains d'entr'eux furent secourus autrement que par l'argent, quand il s'agissait de trouver un emploi et des recommandations puissantes : Delbreil, par exemple, fut casé à Paris, en l'an XIV, grâce à Lacépède à qui la Loge s'était adressée (1).

En l'an VII, le colonel Antoine Lacuée fut secouru d'une autre manière. Il était à Luchon où il se reposait des fatigues de la guerre lorsqu'il fut arrêté pour délit « contre-révolutionnaire » et conduit à Toulouse avec ses co-inculpés. L'émotion fut grande à l'orient d'Agen. L'atelier, extraordinairement convoqué, protesta le 13 fructidor et mit en mouvement l'orient de Toulouse pour dégager le colonel. Barsalou et Dutrouilh, qui se rendaient à Toulouse, furent chargés d'y faire toutes démarches utiles et de porter à la victime innocente toutes les sympathies de ses frères ! La vérité triompha-t-elle toute seule ? Eût-elle besoin de l'appui des loges ? On ne sait. Toujours est-il qu'Antoine Lacuée put rejoindre son régiment sans que les poursuites aient été continuées (2).

Les secours qu'accordait la *Sincérité* ne constituaient pas la principale source de ses dépenses. Elle avait à régler encore, avec ses impositions qui s'élevaient en l'an X à 156 fr. 6 sols, avec ses frais de correspondance et d'administration, le salaire du frère servant, le coût des réceptions et invitations, l'entretien du Temple, tout ce que nous appellerons les *frais du culte*, et enfin son loyer de 400 francs par an au Refuge, ce qui était peu puisqu'elle affermait un jardin et jouissait de la moitié des fruits de l'autre (3). Les banquets qui se faisaient par souscription constituaient un budget spécial.

Elle disposait en recettes du produit de ses deux jardins, du contenu des *boîtes aux pauvres*, de *l'annuel*, ou cotisation des ff.·., des droits assez élevés, nous l'avons vu, qu'on payait aux initiations et aux réceptions, ainsi qu'aux affiliations, élévations de grade, aux délivrances de diplômes ou de lettres de passe. Le budget était encore alimenté par des contributions

---

(1) *Mss*, p. 267.
(2) *Mss*, p. 55.
(3) *Mss*, p. 83.

extraordinaires imposées pour des motifs spéciaux (travaux d'embellissement du Temple ou caisse déficitaire) ou encore par des amendes dont la loge frappait les ff.·., suivant son arbitraire et la gravité du délit qu'on leur reprochait (1).

De toutes les ressources de la loge, la plus importante, après le droit d'entrée de 80 francs, c'était l'*annuel*, de 12 fr., payable en deux fois. Les procès-verbaux attestent les difficultés que le f.·. trésorier rencontrait pour l'encaisser. Doléances, plaintes, menaces, rien n'y faisait pour certains. Le f.·. servant avait beau les relancer à domicile, le f.·. terrible, réclamer des mesurés, les retardataires avaient l'oreille sourde et la bourse fermée ! Combien de trésoriers de sociétés anciennes et modernes sont passés par là ? La loge citait les récalcitrants dans ses délibérations et quelques-uns s'exécutaient alors (2). Le 25 messidor an XI, sous le maillet du vénérable Barret de Lavedan, elle prononça l'exclusion, pour non-paiement des annuels en retard, de Dumon, Henry Darribeau, Auguste Barsalou, Désiré Pélissier, Leyniac, Lacoste, Lauzun fils aîné, Carrère et Miraben (3), ce qui n'empêcha pas la plupart d'entre eux de revenir au Temple après s'être mis en règle avec le trésorier. La loge elle-même les rappelait quand ils continuaient à bouder, comme elle le fit en l'an XIII à son nouveau propriétaire Lauzun, à qui elle affirma, par une délibération spéciale, le plaisir que l'atelier aurait à le compter toujours au nombre de ses ouvriers (4).

Les documents ne fournissent qu'une comptabilité rudimentaire. Le budget de l'an IX se solde par 1152 livres de recettes; 1151 livres 8 sols de dépenses. Restaient dues 132 livres d'*annuels* (5). En l'an XII, les recettes atteignent 2383 livres 18 sols; les dépenses, 1944 livres 4 sols, 8 deniers (6). Le trésorier continuait à calculer à la mode ancienne ! En l'an XIII,

---

(1) *Mss*, pp. 195.
(2) *Mss*, pp. 14, 7, 79, 92-93, 153, 220, 217-18, etc...
(3) *Mss*, p. 98.
(4) *Mss*, p. 249.
(5) *Mss*, p. 83.
(6) *Mss*, p. 155.

les travaux au nouvel atelier de Paulin, l'imposition dont les ff∴ furent grévés, firent monter le budget à 3664 livres 3 sols, 4 deniers en recettes, en face de 3357 livres 3 sols, 6 deniers dépensés, et il était dû 324 livres d'arriéré (1).

La *Sincérité* était une charge pour beaucoup; les petites bourses reculaient devant elle: il fallait être, sinon riche, du moins dans une situation aisée pour y pénétrer. Pébernat, greffier du tribunal de Commerce, s'en retira, en alléguant qu'il ne pouvait supporter les charges que lui valait sa qualité de maçon. Boé-Mercier en fit autant. Mais sa *planche* de démission reçut des ouvriers un accueil auquel il ne s'attendait peut-être pas. Le 28 germinal an XIII, on le dispensa de payer ce qu'il devait, « laissant à sa délicatesse et à sa probité connue le soin d'y satisfaire quand l'état de ses affaires le lui permettrait » (2).

----

(1) *Mss*, p. 247.
(2) *Mss*, p. 227.

CHAPITRE XII

Les anciennes loges agenaises devant la religion et la politique. — Les adversaires. — Coup d'œil sur la maçonnerie lot-et-garonnaise jusqu'en 1840.

Embryon d'instruction civique et morale sobrement esquissée dans des loges de discipline, d'ailleurs fort peu suivies; délassements nombreux créés par les réceptions, les initiations et surtout par des banquets sans cesse renouvelés; actes de solidarité et de bienfaisance qui ne coûtent pas cher à la loge, d'ailleurs peu riche, tels sont les *travaux* de la *Paix-Sincérité* que nous venons d'examiner à l'aide des délibérations de cet atelier de 1798 à 1805. Il nous reste à dire un mot de la partie négative de son programme qu'elle formule ainsi : « *La loge ne s'occupe ni de politique, ni de religion* », par quoi elle diffère essentiellement des loges françaises contemporaines (1).

Dans le domaine politique, les seules manifestations qu'elle se permette sont des témoignages de loyalisme à l'égard du gouvernement, des institutions et des lois. Et ce loyalisme ne se dément jamais. A cette époque, il est d'ailleurs d'obligation maçonnique. En l'an VI, la loge est naturellement pour la République et le Directoire. La Révolution, suivant une parole de Baret-Lavedan, y est considérée « comme le creuset où toutes les passions devaient s'épurer » (2). En l'an VII, le 14 juillet est commémoré par un banquet où l'on fête en même temps deux initiés, Gérard Lacuée et Pommaret, un cousin de Lacépède. C'est, dit le procès-verbal, un jour « infiniment précieux à tous les amis de la Liberté » (3). Déjà, en l'an VI, le 20 messidor, sur la proposition de Menne, 2ᵉ surveillant, on avait pris la même décision en accueillant « avec transport » l'idée de fêter par un banquet civique et maçonni-

---

(1) *Mss*, p. 5.
(2) *Mss*, p. 3.
(3) *Mss*, p. 50.

que « ce 14 juillet, jour du renversement de la Bastille et de l'anéantissement de l'autorité tyrannique » (1).

L'orateur Lamarque avait requis qu'il fût applaudi à cette décision de commémorer un évènement « qui a fait des Français une famille de frères », et « la loge, ajoute le procès-verbal, y a procédé avec toute l'énergie dont elle est susceptible ». En l'an VII, en l'an VIII, on boit à la République, au Directoire, dans les loges de table, avec le cérémonial que nous avons décrit (2). Mais, en l'an IX, il n'est plus question de Bastille, de République, de tyrannie. C'est le Consulat qu'on fête; c'est, le 5 messidor, le triomphe de l'armée d'Egypte salué des vivats et batteries d'usage (3). En l'an X. c'est le 18 brumaire. On célèbre, avec Bonaparte qui a renversé le Directoire, la paix que la France vient de remporter par ses victoires sur les puissances ennemies (4). Il y eut ce jour-là banquet, distribution de pain, illuminations qui ne coutèrent pas moins de 120 livres. Sous l'Empire, la loge, éternelle ralliée, louera Napoléon avec une « sensibilité » encore plus justifiée et quelques-uns de ses membres exerceront les fonctions municipales à l'orient d'Agen avec le même zèle qu'autrefois, sous l'ancien Régime ou pendant la Révolution.

Les discussions sur les matières religieuses étaient aussi sévèrement bannies de l'atelier. Un article des Constitutions les prohibait formellement. Aussi n'est-il presque jamais question de culte dans le registre des délibérations. Deux incidents méritent cependant d'être signalés. Le 5 fructidor an XII, on trouva dans le sac des propositions un billet ainsi libellé : « On propose, pour être discuté en loge extraordinaire, de renouveler les anciens usages qui sont *de faire prêter serment sur les Evangiles* les profanes qui ont la faveur d'être admis dans le Respectable Atelier. » Avant de se fermer aux formes et batteries d'usage, la *Sincérité* renvoya la proposition à la Commission chargée de reviser statuts et règle-

---

(1) *Mss*, p. 8.
(2) *Mss*, p. 67.
(3) *Mss*, p. 75.
(4) *Mss*, p. 78.

ments. C'était un enterrement de première classe. Comme le renvoi eut lieu sans discussion, il est difficile de connaître l'esprit qui dicta cette résolution (1).

Nous sommes mieux renseignés par un incident plus typique qui survint en l'an XIII : *La Parfaite Fraternité* invita un jour la *Sincérité* à assister aux obsèques d'un de ses ouvriers, le f∴ Monestés, dans une église catholique d'Agen. L'invitation fut portée par une délégation où l'on retrouve quelques noms bien agenais : Pauliac, Roux, Albaret, Cabadé, Cauboue, Raynal et Macary. Une longue discussion s'éleva que raconte ainsi le procès-verbal du 25 prairial an XIII (2) :

Plusieurs ff∴ désireraient qu'on n'innovât rien dans nos usages et que, loin de donner une publicité affectée à l'expression des regrets que nous inspire la perte de nos ff∴, on se contentât de célébrer leur mémoire et de louer leurs vertus dans l'intérieur même de nos Temples et au milieu de ceux qui en furent les témoins.

C'était la pure doctrine maçonnique dont les constitutions prévoyaient tout un cérémonial funèbre à l'intérieur de la Loge tendue de noir, avec catafalque sur lequel étaient placés les attributs maçonniques du frère décédé.

« D'autres ff∴ parlant sur le mode de correspondre à l'invitation de la *Parfaite Fraternité*, font ressortir les inconvéniens qui naîtraient de l'obligation rigoureuse que notre loge imposerait à ses membres si, en accédant à cette invitation, elle délibérait purement et simplement qu'elle se rendrait en corps à la cérémonie lugubre. »

C'était l'opinion des maçons honteux qui n'osaient sortir en ville avec les insignes de leur grade.

« D'autre ff∴ enfin auraient souhaité qu'une députation de trois membres eussent (sic) représenté la L∴ par leur assistance à cette triste solennité.

. « Le vén∴ Noubel ayant pris les avis de chaque f∴ individuellement interrogé, la L∴, se renfermant dans les expressions em-

---

(1) *Mss*, p. 176.
(2) *Mss*, p. 236.

ployées par l'orateur même de la députation de la L∴ de *La Parfaite Fraternité*, arrête que les membres de notre L∴ demeurent
invités à assister au service funèbre du frère Monestès, sans entendre gêner leurs volontés, ni leur prescrire à cet égard une obligation de rigueur ».

Même décision en 1806. Un service funèbre est organisé le
14 janvier à la mémoire du colonel Gérard Lacuée, tué à
Gunsbourg. La chapelle de Notre-Dame du Bourg en est le
théâtre. La pompe est solennelle. La partie musicale est l'œuvre du f∴ Lamouroux et du professeur Mignot. Les autorités
civiles et militaires y assistent, groupées autour du père du
colonel, le premier président Lacuée. Les maçons d'Agen
sont également présents. « On a remarqué, dit le *Messager
de Lot-et-Garonne* du 18 janvier, qu'immédiatement après (la
cérémonie), un grand nombre de citoyens s'est porté vers le
local des Francs-Maçons et l'on conjecture que cette fête funèbre était un tribut qu'ils payaient à l'un de leurs membres. »

On le voit : point d'hostilité contre le culte catholique :
neutralité bienveillante. Liberté absolue aux ff∴ de pratiquer
la religion de leur choix, de vivre, de mourir et de se faire
enterrer comme ils l'entendent. A l'atelier, les principes maçonniques suffisent. Au reste, les maçons de cette époque,
particulièrement ceux d'Agen, étaient nécessairement *théis-
tes*, puisqu'ils croyaient au grand architecte de l'Univers et
qu'ils l'invoquaient.

Ils croyaient aussi en l'immortalité de l'âme. Ils sentaient
en eux, dit le règlement d'une loge lot-et-garonnaise de 1807,
le désir *d'être toujours* et, l'idée consolante d'un Dieu qui pro-
met au juste une éternité de bonheur », toutes choses qui les
rendaient « assez grands pour enfanter la noble espérance
des siècles éternels » (1).

Reste à savoir l'idée qu'ils se faisaient de Dieu. Lamarque
avait une tendance à l'identifier au soleil, père de la Lumière,

____

(1) Voir *Règlements de la R∴ L∴ de Napoléon La Grande* à Marmande.
Agen, Noubel, 1807, in-8°, p. 17.

si fêté dans les loges au jour de la Saint-Jean (1). Mais, au fond et malgré les prétentions philosophiques de quelques frères, la question les préoccupait peu. Ils vivaient comme leurs pères avec la foi et les croyances familiales et quelques-uns d'entre eux, comme Lamouroux, furent, bien que maçons, d'excellents catholiques. Faut-il rappeler qu'un prêtre d'Agen, Jean-Léonard Dupouy, fut initié en l'an XII ? (2)

Il n'en est plus de même aujourd'hui. Les loges françaises ont une vie intérieure autrement plus active que leurs aînées : elles ont concentré leur attention sur les problèmes sociaux et philosophiques; elles sont peu à peu devenues démocratiques, libres-penseuses, puis hostiles aux idées religieuses et tout particulièrement aux concepts du catholicisme. Elles *travaillent* surtout, ce qui était rigoureusement interdit à leurs devancières du xviii° siècle, le *culte* et la *politique*. Qui reconnaîtrait nos ateliers modernes dans cette *Sincérité* dont nous venons d'esquisser l'histoire, avec son personnel recruté presque tout entier dans la noblesse ou la haute bourgeoisie, avec ses idées de loyalisme politique qui constitueraient aujourd'hui un énorme anachronisme, avec son mysticisme archéologique de règle à l'époque, avec ses banquets sans cesse renouvelés ? *Quantum mutata !*

Il ne faudrait pas croire qu'elle n'eût point connu d'adversaires. Certes, elle ne suscita pas les mêmes hostilités que nos loges modernes, mais la raillerie ne l'épargna pas plus qu'elles. En ville et surtout au Palais où fréquentaient un grand nombre de maçons, on riait des mystères de l'atelier qui peu à peu se dévoilaient, de l'initiation, du Terrible, et du tablier de peau blanche, des banquets qui en appelaient d'autres. Et les lazzis succédaient aux lazzis. Trois agenais se faisaient remarquer par leur verve caustique et leurs boutades accérées : un apothicaire du nom de Pons et deux *défenseurs*, Tropamer et Martinelly cadet. N'alla-t-on pas, en l'an XII, jusqu'à faire mimer au vauxhall et devant les nym-

---

(1) *Mss*, p. 3.

(2) Qu'on se rappelle aussi les articles récemment publiés par la Grande Presse et montrant que Joseph de Maistre était franc-maçon.

phes du lieu une séance de l'atelier où les ff∴ furent quelque peu ridiculisés ?

La riposte ne se fit pas attendre. Elle arriva sous la forme d'un poème où le talent satirique de Raymond Noubel, ancien vénérable, se donna libre cours. Il égratigna l'adversaire avec un brio remarquable qui fit son effet, si nous en jugeons par une réponse également en vers qui lui fut adressée. Mais la réplique est aussi mauvaise et méchante que l'attaque est brillante. Laissons la parole aux maçons : le morceau mérite d'être publié :

Relation circonstanciée et véridique de ce qui s'est passé en loge des francs-maçons d'Agen le 23 du XIIe mois de l'an de la V∴ L∴ 5803 (3 ventôse an XII).

Le front chargé d'ennui, le cœur gros de douleur,
Hier les francs-maçons se rendaient à leur gîte.
Baret les devançait. Les frères, à sa suite,
Paraissaient accablés sous le poids du malheur.
Dans l'atelier secret ils entrent en silence.
Le fidèle *Broca* soupire en les voyant;
Il gémit avec eux; mais il craint cependant
Qu'en loge la Douleur n'amène l'Abstinence !
À leurs postes divers les frères sont placés.
Trois fois a retenti le marteau symbolique
Et trois fois attentif à l'ordre maçonnique,
Chaque frère y répond par trois coups cadencés.
Soudain de l'Orient part un cri lamentable :

« Apprentifs, compagnons, ô maîtres malheureux,
« Nos secrets sont trahis, leur dit le Vénérable.
« J'ai vu de nos bijoux l'attirail respectable
« Servir dans le vauxhall à de profanes yeux !
« Le délit est certain, mais quel est le coupable ?
« Cher frère inquisiteur, vous dont l'œil vigilant
« Des cœurs les plus pervers sait pénétrer l'abîme,
« Parlez ! Connaissez-vous les auteurs de ce crime ?
« Du succès de vos soins notre gloire dépend. »

Le frère inquisiteur et se lève et s'incline :
« Oui, je l'ai découvert, ce complot plein d'horreur.
« On conspire, dit-il; on veut notre ruine;
« Mais en vain contre nous le profane s'obstine,
« Nous saurons déjouer son aveugle fureur.
« Apprenez cependant quels sont les téméraires
« Qui se sont fait un jeu de nos sacrés mystères;
« A ces êtres sans honte on ne doit nul égard.
« Celui qui présidait à la cérémonie,
« S'y montra constament sans grâce et sans génie :
« De Thémis et du Goût c'est un enfant bâtard.
« Le froid de ses discours pénétra l'assistance.
« Le vauxhall étonné se crut à l'audience.
« Aussi, tout d'une voix, les juges mécontens
« Ont porté contre lui sentence avec dépens.

« On espérait un peu du Récipiendaire.
« C'est de Thémis encore un chétif avorton;
« Il a pourtant l'œil vif et le geste fripon,
« Et, bien mieux qu'au Palais, il exploite à Cythère;
« Aux nymphes du vauxhall il avait droit de plaire.
« Abandonné du ciel en cette occasion,
« Ce gentil sansonnet ne fut plus qu'un dindon.

« Mais de la scène, amis, voici l'acteur risible :
« Purgon ose y remplir le rôle de *terrible*.
« Quel caprice bizarre, ou quel affreux dessein,
« T'a mis, mon cher Purgon, le glaive dans la main ?
« Aurais-tu délaissé l'instrument pacifique
« Qui chasse de nos flancs les vents et la colique ?
« Pourquoi cet air farouche et ce maintien guerrier ?
« Si tes nobles désirs aspirent au laurier,
« C'est dans les *Pays-Bas*, tu le sais, qu'on moissonne
« Celui qui de ton front doit former la couronne.
« Cesse de vouloir nuire, anodin papillon;
« La nature à l'abeille a donné l'aiguillon,
« Pour garder les trésors que sa bouche compose
« Des doux sucs de l'œillet, des parfums de la Rose.
« Mais toi dont la nature a fait un être nul
« Borne-toi, cher Purgon, au service du c...l.

« Mes frères, pardonnez cet élan de mon zèle !
« Tous les autres goujats de la troupe infidèle,
« Sont dans la nuit profonde avant-heure inhumés
« Et ne méritent pas l'honneur d'être nommés ! »

L'inquisiteur se tut, la troupe consolée
Rappela la gaîté, qu'elle avait exiléè;
Et le fier Broca, joyeux et satisfait,
Fut porter au traiteur les ordres d'un banquet (1).

Malgré ses adversaires, la *Sincérité* continua à vivre sous l'Empire dans une prospérité chaque jour grandissante. Le grand-maître de l'ordre, Cambérès, n'avait-il pas dit que l'Empereur favorisait l'ordre maçonnique parce qu'il savait que son institution était basée sur l'amour de l'humanité (2). Ainsi protégée, la maçonnerie s'étendit vite en Lot-et-Garonne. En 1810, Agen comptait quatre loges. Aux deux de l'ancien régime étaient venues se joindre l'*Age d'or*, reconnue le 4 mai 1806, avec Durand comme vénérable, et les *Cœurs Réunis*, constituée le 24 juillet 1807, que présidait alors le f∴ Mignot, professeur de musique, quelque peu compositeur, révolutionnaire repenti, qui eut son heure de célébrité dans la ville. Un grand événement s'était produit à l'Orient d'Agen : la *Sincérité* avait été constituée en loge métropolitaine et en chapitre régulier, ce qu'elle souhaitait depuis longtemps. A Barbaste, la *Bienfaisance* avait reçu du G∴ O∴ ses lettres de constitution datées du 30 août 1808. Elle avait comme vénérable le f∴ Lemaître, homme de lettres. Castillonnès possédait toujours *Les Vrais Amis* que dirigeait le notaire Fraigneau. Outre *La Bonne Amitié*, de 1792, alors sous le maillet de Mellet, négociant, Marmande avait vu naître un nouvel atelier le 27 juin 1806, consacré à *Napoléon Le Grand* et présidé par Ballias de Laubarède, conseiller général, ex-commissaire ordonnateur en chef aux armées. *La Parfaite Egalité* de Mézin, que dirigeait un ancien officier, M. de Laccorège,

---

(1) Poème communiqué par M. Recours. L'ordre que porta le frère servant Broca était destiné à fêter l'initiation de Baradat.
(2) *Mss*, p. 250.

adjoint au maire, avait une sœur, *La Sagesse*, née le 28 mars 1805 avec Mendousse, négociant, comme vénérable (1).

Sous Charles X, en 1827, quels changements ! La *Sincérité* et la *Parfaite Fraternité* ont depuis longtemps disparu de l'Orient d'Agen. Restent l'*Age d'or* et *Les Cœurs Réunis*, aux destinées desquels président deux négociants, Maydieu et Tarry. Une autre loge, plus aristocratique, existe depuis 1823, *Le Duc de Bordeaux*, avec le f∴ de Mélet comme vénérable. Plus rien à Barbaste. A Castillonnès, c'est le notaire Sarrette qui préside les *Vrais Amis*. Damazan a vu naître *Le F∴ Bien-aimé* en 1826, et c'est le docteur Larbes qui le conduit. *Les Enfants de l'Union*, de 1825, travaillent à l'Orient de Fumel sous le maillet du f∴ Lacoste, un autre médecin. *Napoléon le Grand* a disparu de Marmande, naturellement, mais en revanche Villeneuve d'Agen possède depuis 1818 une loge extrêmement élégante, véritable rendez-vous de noble compagnie, *Les Amis des Bourbons*, qui a élu comme vénérable, en 1827, le f∴ Bruguière. A Mézin, la *Parfaite Egalité*, devenue Chapitre, est en sommeil.

Sous Louis-Philippe, la maçonnerie s'effrite; les pouvoirs publics ne la protègent plus. En 1839, le calendrier du Grand Orient ne mentionne que deux loges régulières en Lot-et-Garonne, une troisième, celle de Fumel, étant en sommeil. Ce sont les *Cœurs Réunis*, avec un avocat le f∴ Amblard comme vénérable, et comme principaux officiers Sanson, chef de division à la Préfecture, Caubouc, arpenteur-géomètre, et Payen aîné, garnisseur en chapeaux, rue Garonne. La loge est devenue chapitre. La *Sagesse* règne toujours à Mézin. Elle travaille encore sous le maillet d'un Mendousse, mais d'un Mendousse qui a « pris du galon », qui est devenu propriétaire et adjoint au maire. Inspirons-nous de son *titre distinctif* et n'allons pas plus loin (2).

Ch. Batt-.

---

(1) *Calendrier pour l'an maçonnique 5811.* Imprimerie du Grand-Orient, à Paris.

(2) *Calendriers maçonniques... pour l'an 5827 et pour l'an 5839.*

TABLE DES MATIÈRES